基于供应链视角的
企业绿色创新研究

李 敏◎著

湖南师范大学出版社
·长沙·

图书在版编目（CIP）数据

基于供应链视角的企业绿色创新研究 / 李敏著. —长沙：湖南师范大学出版社，2023.12
ISBN 978-7-5648-4999-3

Ⅰ.①基… Ⅱ.①李… Ⅲ.①企业创新—研究 Ⅳ.①F273.1

中国国家版本馆CIP数据核字（2023）第139715号

基于供应链视角的企业绿色创新研究

Jiyu Gongyinglian Shijiao de Qiye Lüse Chuangxin Yanjiu

李　敏　著

◇出　版　人：吴真文
◇组稿编辑：李　阳
◇责任编辑：李　阳
◇责任校对：蒋旭东　王　璞
◇出版发行：湖南师范大学出版社
　　　　　　地址/长沙市岳麓区　邮编/410081
　　　　　　电话/0731-88873071　0731-88873070
　　　　　　网址/https://press.hunnu.edu.cn
◇经销：新华书店
◇印刷：长沙雅佳印刷有限公司
◇开本：710 mm×1000 mm　1/16
◇印张：10
◇字数：200千字
◇版次：2023年12月第1版
◇印次：2023年12月第1次印刷
◇书号：ISBN 978-7-5648-4999-3
◇定价：69.00元

凡购本书，如有缺页、倒页、脱页，由本社发行部调换。
投稿热线：0731-88872256　微信：ly13975805626　QQ：1349748847

目　录

引论 …………………………………………………………………… (1)

第一章　顺应时代发展契机的绿色创新 ………………………… (4)
第一节　环境保护与经济收益的两难 ………………………… (4)
第二节　助推企业发展的绿色创新 …………………………… (5)
一、消费者环保意识的增强 ………………………………… (5)
二、政策的推动 ……………………………………………… (6)
三、企业对绩效和竞争优势的追求 ………………………… (7)
第三节　绿色创新的丰富理论内涵 …………………………… (9)
一、绿色创新的概念界定和维度划分 ……………………… (9)
二、多样性的研究方法 ……………………………………… (15)
三、不同的理论视角 ………………………………………… (16)
第四节　研究内容及相关核心概念 …………………………… (28)
一、研究问题及内容 ………………………………………… (28)
二、相关核心概念 …………………………………………… (31)
本章小结 …………………………………………………………… (33)

第二章　企业绿色创新的驱动因素及结果变量 ………………… (34)
第一节　企业绿色创新的驱动因素 …………………………… (34)
一、企业内部影响因素 ……………………………………… (34)
二、企业外部影响因素 ……………………………………… (41)
三、其他驱动因素 …………………………………………… (46)

四、相关讨论 …………………………………………………… (48)

　第二节　绿色创新与企业绩效及竞争优势 ……………………… (49)

　　一、绿色创新与企业绩效 ………………………………………… (50)

　　二、绿色创新与企业竞争优势 …………………………………… (52)

　　三、绿色创新对企业其他后果变量的影响 ……………………… (53)

　本章小结 ……………………………………………………………… (54)

第三章　概念模型与研究假设 ………………………………………… (56)

　第一节　研究变量的选择与理论模型构建 ……………………… (56)

　　一、绿色创新的驱动因素 ………………………………………… (56)

　　二、绿色创新的后果变量 ………………………………………… (58)

　　三、其他变量的选择 ……………………………………………… (59)

　　四、总概念模型 …………………………………………………… (59)

　第二节　研究假设的提出 ……………………………………… (60)

　　一、供应链环保合作与绿色创新之间的关系 …………………… (60)

　　二、管理者对环境的关注与绿色创新之间的关系 ……………… (66)

　　三、绿色创新与企业环境绩效和竞争优势之间的关系 ……… (69)

　　四、环境不确定性的影响 ………………………………………… (74)

　本章小结 ……………………………………………………………… (77)

第四章　研究设计与数据收集 ………………………………………… (80)

　第一节　实证研究方法及过程 …………………………………… (80)

　第二节　问卷设计过程及变量测量 ……………………………… (82)

　　一、问卷设计过程 ………………………………………………… (82)

　　二、变量测量 ……………………………………………………… (82)

　第三节　预测试数据分析及量表修正 …………………………… (88)

　　一、预测试问卷发放与回收 ……………………………………… (88)

　　二、预测试数据分析 ……………………………………………… (89)

　　三、量表修正 ……………………………………………………… (102)

　第四节　正式问卷发放与数据收集 ……………………………… (103)

　　一、样本选择 ……………………………………………………… (103)

二、问卷发放 ·· (104)
　　三、问卷回收 ·· (104)
　本章小结 ·· (105)

第五章　数据分析与假设检验 ································ (106)
　第一节　样本基本信息的描述性统计分析 ···················· (106)
　第二节　样本数据质量评估 ································ (109)
　　一、未回复偏差 ·· (109)
　　二、共同方法偏差 ······································ (110)
　第三节　信度与效度检验 ·································· (114)
　　一、信度检验 ·· (114)
　　二、效度检验 ·· (117)
　第四节　路径分析及假设检验 ······························ (119)
　　一、供应链企业绿色创新前因假设检验 ···················· (120)
　　二、供应链企业绿色创新对企业绩效影响的假设检验 ······· (124)
　　三、环境不确定性作用的假设检验 ························ (126)
　第五节　假设检验结果汇总及讨论 ·························· (129)
　　一、假设检验结果汇总 ·································· (129)
　　二、研究结果讨论 ······································ (130)
　本章小结 ·· (139)

结语 ·· (141)

参考文献 ·· (146)

后记 ·· (152)

引 论

经济快速发展带来的环境问题受到了众多关注，对环境保护和可持续发展重要性的认识使得不同国家和社会为之努力。但是，环境保护与经济发展历来就被认为是一个两难的问题。2017年，美国特朗普政府认为加入全球环境保护的《巴黎协定》使得美国企业成本增加、竞争力下降，进而对整个美国经济增长产生了负面影响，2022年后，拜登政府对此做出道歉并重新进入该协定。"大众尾气门"事件影响至今仍在持续。如此诸多事件引发了人们的思考，对于国家、行业乃至单个企业的发展来说，环境保护真的不能与经济收益共存吗？传统观点认为，两者确实相悖。新古典经济学的观点是环境规制会降低企业竞争力，对经济增长产生负面效果。哈佛大学商学院教授迈克尔·波特和其合作者范德林最早对这一传统观点提出了挑战，他们认为，环境保护与经济发展并不是对立的，更加严格但设计合理的环境规制能够激发创新，使得企业及国家更具竞争优势。此后，关于环境保护与经济发展能否共赢的问题引起学术界和实践者的持续讨论，绿色创新也成为研究热点。

对于中国的制造业供应链来说，创新是发展的灵魂，而绿色思想则由于蕴含了当今社会节约资源的要求而成了供应链及企业在环境规制日益严厉的条件下争取市场地位、赢得竞争优势的必然选择。因此，绿色创新成了中国制造业供应链顺应时代契机的一种发展方式。通过对现有绿色创新研究文献的回顾与分析，现有研究中尚有以下几方面值得深入：（1）现有基于供应链背景的绿色创新研究多关注与客户的合作，而忽视了与供应商合作的作用，尤其在系统地思考上下游环保合作上的研究更显薄弱；（2）

管理者对环境的关注是非常重要的驱动企业绿色创新的内部因素，其在企业与供应链伙伴的环保合作及绿色创新上的作用值得进一步关注；（3）中国式的企业间人际关系在上下游环保合作及绿色创新不同维度上的作用机制还需要进一步细化研究；（4）绿色创新与竞争优势之间的关系是否会受到其他机制和结果变量的影响需要进一步的实证研究来证实。

有鉴于此，本书重点围绕三个科学问题：（1）供应链制造企业绿色创新的前因分析。具体来说，涉及两方面的前因：一是企业内部因素——管理者对环境的关注如何影响绿色创新；二是外部因素——供应链上的环保合作如何影响绿色创新；同时探讨了企业与企业之间的人际关系在其中所起的作用。（2）绿色创新对制造企业绩效的影响。具体来说，一是探讨三维度的绿色创新对企业环境绩效的影响，二是探讨其对企业竞争优势的作用。（3）环境不确定性情况下，绿色创新对企业环境绩效和竞争优势的作用是否会发生变化。

针对以上问题，本书构建了供应链企业绿色创新及其影响的概念模型并据此提出理论假设。随后，对回收到的271份正式有效问卷进行分析，有如下结论：（1）当企业加强与供应链伙伴之间的环保合作时，他们在生产、流程和管理上的绿色创新都将得到加强。（2）企业间人际关系积极推动了企业与供应商之间的环保合作，但对企业与客户的环保合作则没有显著作用。同时，与供应商的人际关系越强时，两者之间的环保合作对绿色流程创新的作用更显著。而与客户的人际关系越强时，企业与客户环保合作对绿色产品创新的作用更显著。（3）管理者对环境的关注积极推动了绿色创新，同时正向调节了客户环保合作与绿色管理创新之间的关系。（4）绿色创新显著提升了企业环境绩效，但对竞争优势的影响主要是通过环境绩效来起作用。（5）环境不确定下，绿色创新对企业环境绩效和竞争优势的作用会发生变化。

本书主体部分共分为五章。第一章分析了为什么绿色创新是企业顺应时代发展的必然选择，介绍了来自消费者和政策的推动契机的企业绿色创新的现实及理论背景，并对核心概念进行了界定。第二章对企业绿色创新的内外部驱动因素及创新结果变量进行了文献综述，并提出了研究方向。第三章提出了研究概念模型，并结合前期调研实例，提出了11个研究假设。

第四章介绍了本书所使用的实证研究方法，对预测试问卷进行了检验分析，并据此发出正式问卷，同时对正式问卷的样本选择、问卷方法和问卷回收等进行了说明。第五章对收集到的样本数据进行处理与分析，使用结构方程模型和 SPSS 以及 AMOS 软件对研究问题及假设进行验证。

  本书推进了绿色创新基础理论的研究，丰富和深化了供应链背景下的合作理论、生态现代化理论、权变理论等理论的研究。同时，也建议政策制定者在供给侧改革中多关注供应链中的上游合作，并建议企业引导管理者对环保的关注与热情。此外，通过管理上的创新应对环境不确定性对企业来说也是非常重要的。

第一章
顺应时代发展契机的绿色创新

第一节 环境保护与经济收益的两难

自工业革命以来，不断增加的工业活动推动了社会和经济的快速发展，同时也带来了严重的环境污染问题。人们认识到"如果只是依靠新技术革命的成果，我们就有可能陷入更深的泥潭"。对可持续发展重要性的认识使得不同国家和社会为之不断努力。1984 年 5 月，联合国成立了世界环境与发展委员会，专门从事人类环境保护、经济可持续发展战略研究以及环境保护公约和条例的制定。随后，各国颁发了众多的法规来促进环保，如美国的《清洁能源与安全法案》（ACES）（2009）要求经济体采用可再生能源与能效标准，应用清洁能源和节能技术，减少碳排放以应对气候变化产生的影响。欧盟的能源与环境法规（2007）提到要逐步加大能源研究和技术开发力度。2016 年 4 月签署，11 月正式生效，目前为止有着将近两百个缔约方的《巴黎协定》引发了新一轮的全球环保风暴。该协定呼吁全球关注环境变化，众多国家对此进行了响应，它的生效也使得社会和企业更加为之努力。中国，作为一个发展中的大国，对环境保护也赋予了更多关注和努力。《中华人民共和国循环经济促进法》（2009）强调循环经济的减量化、再利用和资源化，要求企业建立健全管理制度，采取措施，降低资源消耗，减少废物的产生量和排放量，提高废物的再利用和资源化水平。2014 年我国修订的《中华人民共和国环境保护法》也进一步强调了环境保护的重要性，并将环境保护作为国策写入法律，对企业的环保违规行为进行了更进一步的规制。2016年9月，中国正式加入《巴黎协定》，承诺更进一步保护地球环境。

但是，环境保护与经济收益是否能共同发展历来就被认为是一个两难的问题。2015年的"大众尾气门"事件让公众看到，即使如大众汽车这样的老牌德国名企，也会通过"作弊软件"的方式来规避环保监测。众多企业环保伪善行为背后的原因值得深思，其中一个重要的原因就是企业认为不值得为环境检测而花更多成本。同样，2017年6月，美国宣布退出《巴黎协定》也体现了环境保护与经济收益可能存在矛盾。美国特朗普政府认为巴黎协定限制了美国制造业的发展，使得美国企业成本增加、竞争力下降，进而对整个美国经济增长产生了负面影响。2022年，拜登政府对此做出道歉并重新进入该协定。这些事件引发了思考热点，对于国家、行业和企业发展来说，环境保护真的不能与经济收益并存吗？实际上，创新可以成为解决该问题的有效途径（Zhao等，2021）。众多企业的实践已经证明新能源、新技术、新设备的使用，绿色产品的创新等都可以抵消保护环境带来的成本。而从国家层面来说，许多经济学家指出与高新技术企业加强合作并推动创新对国家经济可持续发展是至关重要的。因此，绿色创新已经成为解决环境保护与经济发展两难问题的重要方式。

第二节 助推企业发展的绿色创新

一、消费者环保意识的增强

随着消费者绿色意识的觉醒，消费者对环境问题的感知和认识也得到增强，对企业环境责任的履行状况更为关注，也对环境责任缺失的负面事件更为敏感，甚至会积极主动、广泛地搜集相关信息，从而对企业给出负面的评价，进而影响企业口碑甚至市场占有率。同时，这种绿色意识也更多地表现在消费者后续的消费行为（Zameer 和 Yasmeen，2022）。越来越多的消费者开始青睐于购买具有良好环境性能的产品，例如环保家电、电动汽车、陶瓷砖、生态住宅、太阳能等。消费者的绿色意识和绿色消费行为，加上各种能源和资源危机都给企业带来了压力。因此，对企业而言，增加对环保的关注，增加企业实践的环保性已经变得越来越重要了，企业要想生存和发展就不得不通过创新来适应新环境。企业需要根据来自竞争者、客户和监管部门的各种压力而不断寻找创新解决方案。对企业的可持续发展来说，创新是其灵魂，而绿色思想则由于蕴含了当今社会节约资源的要求而成了企业在环境规制日益严厉的条件下争取市场地位、赢得竞争优势的必然选择。同时，随着人类社会进入后工业化时代，出于资源与环境的压力，企业必须通过整合和合作并以最小的成本应对时代的挑战。

二、政策的推动

自1973年8月，第一次全国环境保护会议通过了《关于保护和改善环境的若干规定》后，我国开始关注环境保护。随后经济快速发展带来的诸多严重污染问题更使得国家发布多项政策文件来制约企业污染环境的行为。2011年的"十二五"规划中，明确提出绿色发展和创新驱动是国民经济发展的主要纲要。2015年《政府工作报告》中首次提出实施"中国制造2025"，该计划将"创新驱动"和"绿色发展"作为两项重要基本方针，强调由于资源和环境约束的不断强化，我国制造企业依靠资源要素投入的粗放扩张型发展模式已到了转型的关键时刻，绿色发展成为必要，创新成为发展的重要手段。随后的环保大督查，国家重拳出击，对于环保不达标的企业坚决予以关停整改，企业在绿色创新方面的投入不断增长。2020年9月，我国明确提出力争2030年"碳达峰"以及2060年前实现"碳中和"的"双碳"目标，这为我国企业绿色转型提出了方向和要求。2022年，党的二十大报告中，绿色创新发展也是一大主题。2023年2月20日，国家发展改革委等9部门联合印发《关于统筹节能降碳和回收利用 加快重点领域产品设备更新改造的指导意见》，意见中提到要加强高效节能产品设备市场供给和推广应用，发展一批创新能力强、管理水平先进、具有国际竞争力的高效节能产品设备生产骨干优势企业及生产制造集聚区，将节能降碳、资源循环利用先进适用技术和产品设备纳入《绿色技术推广目录》《绿色产业指导目录》《产业结构调整指导目录》鼓励类，持续加强推广应用。因此，加强节能环保技术及绿色产品的开发和使用，全方位进行绿色改革和创新是企业进一步获得竞争优势的关键所在。

以本书前期研究所进行的企业调研为例，多家企业的实地访谈都显示了绿色创新对企业的重要作用。这些企业包括多家广东佛山的陶瓷企业，深圳的照明企业及其供应商，广州的新材料企业、化工企业，等等。对于陶瓷企业来说，由于行业及生产特性，会有大量水和大气排放，粗放式的生产使企业面临来自环保监管部门的巨大压力。2014年8月，广东省政府批准佛山成为广东省首个有偿使用排污权的城市，对全市所有陶瓷企业进行排污权的核定。2022年11月3日，广东省发改委印发《广东省循环经济发展实施方案（2022—2025年）》，方案提出，强化陶瓷等重点行业清洁生产，以及推动重点工业集聚区、重点流域的企业开展清洁化、低碳化改造。方案强调要加快清洁生产技术创新、加快推进重点行业绿色水平改造。政策的规制既是压力也是动力，国家颁布的相关政策，如《关于促进建材工业稳增长调结构增效益的指导意见》《促进绿色建材生产和应用行动》《建材工业"十四五"发展实施意见》等都提出了建材行业的生产和应用应该向绿色倾斜。在这样的行业发展背景下，本书所调研的几家陶瓷企业都非常重视绿色创新并取得了一定成就。

三、企业对绩效和竞争优势的追求

本书的前期调研显示，除了政府施加的压力，企业对绩效和竞争优势的追求以及来自供应链合作伙伴的合作与推动都促进了企业的绿色发展。以陶瓷企业A（民营企业）为例，这是一家世界级的瓷砖、卫浴产品专业制造商和品牌商，客户遍及世界各地。企业通过绿色创新减少了对环境的污染排放，例如对卫浴系列的创新既减少了水的使用量，也减少了噪声污染，从而为产品带来了更大的市场竞争力。陶瓷企业B是一家大型国企，产品远销100多个国家和地区。该企业创新性使用废弃物物料生产海绵陶瓷——

多孔陶瓷透水产品不仅解决了排水难的问题，而且变废为宝，从而减少了企业成本。对这些企业来说，绿色创新不仅能达到环保要求，而且能从中获得巨大的收益和竞争优势。调研同时发现，作为供应链的组成部分，单个企业的绿色创新离不开供应链中的合作与支持。例如，陶瓷企业C与某机电企业D的合作促成了超薄陶瓷砖的生产，并为企业带来了节约原料75%，降低能耗84.3%等众多成本的降低和对环境排放的减少。除此之外，对其他企业的调研访谈也发现供应链合作对企业绿色创新的重要作用。例如对深圳照明企业E和其客户F的调研发现，E作为F的供应商会在产品制造的过程中为F的产品提出流程上的创新和完善以更好地满足环保要求，而F作为E的客户也会为E提供来自市场和客户需求的更多环保设计思想并促进E的设备更新。但是，如何更有效地通过合作来推动企业的绿色创新，以及到底哪种形式的绿色创新对企业的竞争优势有更积极的促进作用，所调研的企业并不能明确加以说明。因此，总结和推广这些企业的成功经验并对其绿色创新中存在的问题进行探讨，以洞悉企业如何通过合作推动绿色创新并获得竞争优势和可持续发展，值得我们进行更进一步研究。

供应链背景下，企业会主动利用供应链资源，通过"win-win"的策略与其他企业实现前瞻性的绿色创新，从而为企业带来发展先机。例如，笔者前期调研的企业A，在国家环保标准出台之前，提前进行了由"重油"向"天然气"的绿色转换，这个过程涉及了众多的绿色流程、产品和管理创新。尽管前期投入了巨大的成本，但是给企业带来的好处却不容忽视，企业A不仅能灵活地应对市场需求，而且当政府出台相关政策提高环保监测标准时，他们已经远远走在了其他企业的前面。为什么不同的企业会采取不同的绿色创新策略，企业内部到底是什么因素影响了"真实"的绿色创新或"有名无实"的绿色创新，甚至是"虚伪"的绿色创新，值得我们进一步深思。

第三节　绿色创新的丰富理论内涵

一、绿色创新的概念界定和维度划分

在节能减排、降低碳排放、减少温室气体排放等全球呼吁下，绿色创新成了顺应时代发展的重要概念。工业化发展和传统经济增长方式使环境不堪重负，各种环境污染带来的恶果逐渐被人类社会所感知和经历，环境恶化带来的影响大到地球大气层破坏、恶劣极端天气频现，小到对个人健康的各种影响。因此，作为一种新的发展模式，可持续发展和绿色创新成为全社会的共识。清洁生产、节能环保技术、绿色科技、绿色装备制造等轰轰烈烈的可持续发展实践活动进一步推动了绿色创新的发展。作为经济发展的新"引擎"，绿色创新为国家、产业、企业发展带来机会。理论界也对此倍加关注，在学者对绿色创新相关文献进行的综述中发现，对绿色创新（以及与之相近的概念，如"环保创新"和"可持续创新"等）的研究正不断增多，成为企业管理领域研究的热点（Taklo 等，2020）。尽管如此，对绿色创新的总体研究仍需要学者们为之不断努力。

（一）绿色创新的特征与定义

1. 绿色创新的特征

绿色创新是一个比较广义的表达，所有涉及"创新—价值创造—环境保护"的相关创新活动都可以被视为绿色创新（李旭，2015）。相对一般创新，绿色创新需要遵循生态规律，并以资源节约、消除浪费和污染为基础，以不断改进和创新为动力，以经济、环境和社会可持续发展为目标。相对于非绿色创新，结合绿色创新领域学者的相关研究，本书将绿色创新的特征归纳如下：

（1）研究问题的公共性：由于环境恶化逐渐成为人类社会发展所面临的共同问题，因此绿色创新不仅仅是单纯的个体、企业或行业的问题，而是关乎全球发展的公共性问题。具体而言，学术界关于绿色创新问题的公

共性研究主要体现在以下两方面：一是研究领域的多样性，学者们从化工、建筑、汽车、金属、农林渔业等领域研究了绿色创新的重要作用。二是体现价值观公共性的研究，绿色创新体现了一种战略性的企业社会责任感和价值观，强调了绿色创新与传统创新的区别在于企业创新活动对环境的影响，体现人与自然之间的和谐相处（Kraus 等，2020；Padilla-Lozano 和 Collazzo，2022）。

（2）内容的多样性：绿色创新是紧贴时代变迁的创新活动，顺应了新经济时代由"增长"到"发展"的变化，其内容具有多样性。从单个企业视角来看，现有对绿色创新的研究包括从技术层面进行的绿色产品创新（包括绿色产品设计、绿色材料、绿色包装等）（Amores-Salvadó 等，2014）、流程创新（包括绿色工艺、绿色设备、绿色回收处理等）（Burki 和 Dahlstrom，2017），也包括管理（机构变更、建立环境评估与管理系统等）和服务（如低能耗服务）等非技术性创新（Antonioli 等，2013）。从供应链视角来看，绿色创新的内容还包括绿色供应链网络的构建等（Zhu 等，2005；Kronborg Jensen 等，2013）。

（3）过程的复杂性：绿色创新是一个复杂的过程（Weng 和 Lin，2011），具体体现在两方面：一是对于产品而言，绿色创新不应该只体现在设计和生产环节，而应该在整个产品生命周期中都考虑对环境的影响（Amores-Salvadó 等，2014）。二是绿色创新过程涉及包括政府、服务提供商、供应链企业等众多参与者（Bar，2015；Hojnik 和 Ruzzier，2016），如何协调各方关系，并进行有效合作也是绿色创新过程复杂性的体现（Hall 和 Clark，2003；Baldassarre 等，2017）。

（4）结果的外部性：环境效益被认为是绿色创新区别于一般创新的一个重要特征（Cuerva 等，2014），除了创新活动本身所带来的溢出效应（如技术溢出和知识外部性），还包括外部环境成本带来的外部性，即绿色创新的结果具有双重外部性（Ghisetti 和 Rennings，2014；李旭，2015）。也就是说，基于三重底线（满足环境—经济—社会绩效）的原则，绿色创新的结果不仅对企业绩效产生影响，而且会减少对环境带来的负面作用（减少负外部性），并且给社会带来正向影响，使他人和社会受益（正外部性）（Porter 和 Van der Linde，1995；Chen 等，2006；Bocken 等，2014；Niesten 等，2017）。

除了以上四个基本特征，学术界对绿色创新的其他特征还存在一定争论，如绿色创新是否具备自觉性动机。这种自觉性动机具体体现在两方面：一是绿色创新行为是不是创新发起者有意识的主动行为。早期的研究认为，环境保护会增加企业的经济负担，因此绿色创新成为企业应对环保管制所不得不为的被动性行为。随后，以波特为代表的学者们认为绿色创新应该成为一种积极主动的行为，因为这种行为既能应对环境规制，又能为企业带来更多收益（Porter 和 Van der Linde，1995；Ramanathan 等，2017）。二是绿色创新所带来的环境绩效是不是创新发起者有意识的追求（李旭，2015）。从经济视角来看，追求经济效益是企业的第一要务，但是可持续发展观使得更多有前瞻性的企业高管们也开始关注企业行为对环境的影响。现有研究揭示了企业管理者对环境绩效的主动追求为企业带来的价值增值（Journeault 等，2016；Huang 等，2016），但如前所述，此类研究还并不完善，值得进一步探讨。以上绿色创新特征的认识有助于笔者在后面对绿色创新概念的界定和分析。

2. 绿色创新及相关概念辨析

为了对本书研究主题进行清晰界定，必须对"绿色创新"的概念进行澄清，并与相近概念进行区分。一方面，现有文献中与绿色相关的概念非常多，如"绿色经济""绿色技术""绿色营销""绿色供应链"等，但这些概念强调绿色，却并没有突出创新。另一方面，人们从技术创新的角度提出了诸如"环境技术创新""绿色技术创新""生态技术创新"等相关概念，但这些概念注重于技术层面的创新，涉及面较窄，不能反映与环境有关的创新的全貌。更广泛的概念使用开始于 20 世纪 90 年代中期，关于可持续发展的文献初步开始使用诸如生态创新和环保创新的术语，从技术、管理、组织、制度等多方面进行环境友好型创新研究，以支撑企业可持续发展。Schiederig 等（2012）对 *Journal of Cleaner Production* 和 *Business Strategy and the Environment* 等期刊相关主题文章进行综述，指出与"绿色创新"概念相近，经常被混用的概念有环保创新（environmental innovation）、生态创新（eco-innovation）和可持续创新（sustainable innovation）等。由于这几个概念是使用频率最高的（Schiederig 等，2012；李旭，2015；Hojnik 和 Ruzzier，2016），本书将针对这几个概念进行一定的分析和区别。

环保创新和生态创新是使用较早的两个概念。目前学术界较为流行的对环保创新的定义是"环保创新包括那些有利于环境及其可持续性的全新的或改进的流程、实践、系统和产品等的创新"（Oltra 和 Jean，2009）。生态创新最常用的定义来自 OECD（经济合作与发展组织），该组织认为生态创新是"与相关替代方案相比，创造或实施新的或显著改进的产品（商品或服务）、过程、营销方法、组织结构和体制安排（不管是否有意识）以带来环境的改善"的创新。随后，人们也开始使用绿色创新和可持续创新概念。绿色创新被定义为"与绿色产品或过程相关的硬件或软件创新，包括涉及节能、污染预防、废物回收、绿色产品设计的技术创新，或企业环境管理等（Chen 等，2006）"。可持续创新是出现较晚的一个概念，虽然有学者认为可持续创新是"可以促进可持续绩效的创新，这些绩效包括生态、经济和社会标准"（Schiederig 等，2012），但目前对该概念并没有形成一个共识（Boons，2013）。

总的来说，环保创新旨在有利于环境，注重于那些能减少环境负外部性的创新，但并不需要太过重视创新的商业价值，而生态创新既注重减少环境负外部性，也关注创新带来的商业价值（Pereira 和 Vence，2012）。此外，根据 OECD 的定义，生态创新强调不管是有意识还是无意识的创新，只要能带来环境改善的创新都应该归结于生态创新的范畴。实际上，对于企业来说，可持续发展的前提是生存，因此不管进行任何创新，其商业和经济价值都是重点考虑的因素，而且如绿色创新所强调的内容导向，绿色创新是一种有意识地追求环境绩效和经济价值的创新（Rehman 等，2021）。相对于以上三个类似术语，学者们普遍认为除了经济和环境方面的收益之外，可持续创新术语的主要区别在于其所涉及的更广泛的社会和伦理层面。

在对这些概念进行区分的基础上，学者们普遍认为"环境友好"及"可持续发展"是这些相关概念的主要表征，也是其区别于一般创新的重要特点（李旭，2015）。大多数学者认为，生态创新、环保创新、绿色创新、可持续创新这些概念尽管在描述上有细微差别，但还是可以互换使用（Schiederig，2012；Hojnik 和 Ruzzier，2016）。Schiederig 等（2012）的综述显示使用"绿色创新"概念的研究在 2000 年以前比较少，但从 2005 年开始,使用该概念的相关研究快速增长。因此,绿色创新(green innovation)被认为是众多相关概念(如环保创新、生态创新、可持续创新)中更新的概念,也是在管理领域使用更广泛的一个概念(Franceschini 等,2016)。因此,本书使用"绿色创新"这一术语。

3. 绿色创新的定义

基于上述绿色创新的特征,国内外不同学科的学者们从不同的背景对绿色创新赋予了不同的定义。

Schiederig 等(2012)总结了 1990—2010 期间发表的多篇相关文献,认为这些文献中对"绿色创新""环保创新""生态创新""可持续创新"的定义主要强调六个方面,即创新对象(产品、流程、服务、方法等)、市场定位(满足市场需求,提高竞争力)、环境绩效(减少对环境带来的负面影响)、作用阶段(考虑整个产品生命周期)、创新动机(出于经济或生态原因)、创新层次(为企业设置新标准)。其他更多国外学者对绿色创新的定义如表 1-1 所示:

表 1-1 国外文献中绿色创新定义摘录

绿色创新的定义	相关文献
与绿色产品或过程相关的硬件或软件创新,包括节能、污染预防、废物回收、绿色产品设计的技术创新,或企业环境管理	Chen 等,2006;Chen,2008;Chiou 等,2011
利益相关者为降低对环境负面影响并达到特定环保目的的流程、产品、技术和管理系统的开发和应用所采取的措施	Ar,2012;Castellacci 和 Lie,2017
带来环境改善,减少环境负荷的创新	Bar,2015
注重于减少因不同商业活动而造成的环境破坏的创新	Burki 和 Dahlstrom,2017
有着更少能源依赖的创新活动	Amore 和 Bennedsen,2016
用于应对环境问题的新观念、产品、流程或管理系统	Li 等,2017
为企业提供环保和生态价值的创新	Zimmerling 等,2017
取代传统产品和流程的绿色产出	Fankhauser 等,2013

国内学者张钢和张小军(2011)认为不同的定义中最重要的是对环境

的影响，他们据此将学者们对绿色创新的定义归为三类：一是减少对环境负面影响的绿色创新定义；二是引入环境绩效的绿色创新定义；三是等同于环境绩效改进的绿色创新定义。其他更多国内学者对绿色创新的定义如表1-2所示：

表1-2 国内文献中绿色创新定义摘录

绿色创新的定义	相关文献
与环境观念、环境治理技术、符合环保要求相关的绿色产品创新及所有促进环境—经济一体化发展的创新活动	陈华斌，1999
企业在一个相当长的时期内，持续不断地推出、实施旨在节能、降耗、减少污染、改善环境质量的绿色化创新活动	李海萍等，2005
广义范畴的环境创新，创新各阶段都需要遵循生态经济规律，目的是减少资源和能源消耗	冯志军，2013
为了实现可持续发展，企业在产品整个生命周期兼顾经济效益和环境效益的创造性活动	李巧华和唐明凤，2014
为了改善环境，企业采用绿色或清洁技术对生产经营活动进行改进或变革的过程	杨静等，2015
为实现经济与环境的协调发展，创新者对产品设计、生产工艺、加工过程、组织制度、管理等方面的探索与改进	马媛等，2016

尽管学者们对绿色创新的定义有不同的表述和总结，但主要强调的还是创新对环保的积极作用。这些定义中所涉及的最重要的两点在于：（1）创新对象：产品、流程及商业活动、管理等。（2）创新目的：减少对环境的负面影响，帮助企业可持续发展。因此，基于企业的角度，本书认为，绿色创新是企业为了减少对环境的负外部性并获得可持续发展所进行的对产品、流程和管理方式的改进，以及所有促进环境改善的创新活动。

（二）绿色创新的维度划分

在对绿色创新的概念进行界定后，为了进一步使该概念可操作化，本书对绿色创新的维度划分进行了总结，以期为后续的实证研究部分提供参考和支持。

在现有文献中，尽管绿色创新被认为是一种多维度的概念，但对于其维度划分尚处于探索之中（彭雪蓉，2014）。学者们对其进行了不同的维度划分，本书总结了现有文献中对绿色创新维度的划分，如表 1-3 所示。

表 1-3 绿色创新的维度划分

绿色创新的维度	相关文献
产品创新、流程创新和管理（或组织）创新	Chen 等，2006；Chen，2008；Chiou 等，2011；Cheng 和 Shiu，2012；de Oliveira Brasil 等，2016；Peng 和 Liu，2016；马媛等，2016
产品创新和流程创新（或工艺创新）	Li 等，2017；Liao，2016；李巧华和唐明凤，2014
流程创新和管理创新	Burki 和 Dahlstrom，2017
产品创新、流程创新、组织创新和营销创新	Marcon 等，2017
新创新、新的流程和业务组织方式、新市场、新的供应来源	Przychodzen 和 Przychodzen，2015
组织创新、产品创新、流程创新、末端创新	Dong 等，2014
管理创新、流程创新、生产创新和技术创新	Tseng 等，2012；Tseng 等，2013
渐进式创新与突破式创新	Roscoe 等，2016
技术创新和产品创新	席龙胜和赵辉，2022

从表 1-3 可以看到，大多数学者遵从传统创新维度的划分，从技术和管理创新的角度将绿色创新划分为产品、流程（工艺）、制度、管理（组织）等维度，其中，管理创新也被视为广义的技术创新。也有学者仅仅从技术的角度将绿色创新划分为产品和工艺创新，渐进式创新和突破式创新。遵循大多数学者的研究，本书从绿色产品创新、绿色流程创新和绿色管理创新三个维度对企业的绿色创新进行研究。

二、多样性的研究方法

国外的学者们较早对绿色创新（相类似的概念也包括环境创新、生态创新、可持续性创新等）进行了研究，早期的研究着重于概念的梳理与案例研究，对绿色创新的目的以及绿色创新对企业的影响进行了探讨。学者们提出，满足"三重底线"原则是企业绿色创新及可持续发展的终极目标，即企业的创新活动及其产出应该兼顾经济、环境和社会三方绩效的提升。传统上，企业将环保战略与绿色创新视为与其业务增长目标、竞争力和盈利能力相矛盾的一种做法。在认识到创新的重要性之前，企业往往通过反对或延迟而非创新来应对环境监管以逃避各种环保成本。但对众多企业的环境实践研究已经证明了企业的环境活动成本与经济收益不一定会相悖，双方完全可以实现共赢，而绿色创新正是这两者实现共赢的关键。

现有文献中，学者们使用不同的研究方法（模型、调研、实验等方法），利用经济、管理等不同学科的观点和知识对企业的绿色创新进行了研究。从经济学科的观点来看，早期的学者依据传统经济学的观点来解释企业应对环境问题的行为，由于经济人的自利和完全理性的特征，企业往往是被动地、基于规制的压力进行绿色创新（Rennings，2000；Bergquist 和 Söderholm，2011）。随后，更多学者利用演化经济和循环经济的知识对企业的绿色创新进行了研究。在该观点中，绿色可以理解为环保、节能、清洁、可持续发展，持有该观点的学者认为绿色创新除了能带来溢出效应，还可以通过降低环境成本带来外部效应，即双重外部效应（Rennings，2000）。基于管理的知识对绿色创新的研究则将重点放在了企业内部因素上，认为内部资源和管理以及企业的价值主张等是企业绿色创新的关键影响因素（Cainelli 等，2015）。传统的管理学派往往将自然环境排斥在企业创新管理之外，忽视了自然环境与企业之间的相互作用。随着 Hart（1995）提出的自然资源基础理论，自然环境与企业之间的关系越来越得到重视。随后注重企业长期发展的战略管理学派认为绿色创新能为企业带来更高的环境和经济绩效，并使企业获得长期竞争优势（张钢和张小军，2011；Zimmerling 等，2017）。因此，企业应该把环境保护及绿色创新作为重要目标并内化到企业的运作和发展中（Cai 等，2017）。可以看到，不管是从经济学科还是从管理学科，都对企业绿色创新的研究赋予了越来越多的重视。

三、不同的理论视角

现有研究中，学者们从不同视角赋予了绿色创新更加丰富的内涵。张钢和张小军（2011）总结了国外绿色创新的研究脉络，认为目前的研究主要的视角包括：环境经济学视角（基于环境规制的绿色创新前因后果分析）、创新经济学视角（基于创新理论的绿色创新前因分析）、战略管理视角（绿色创新对企业竞争优势的影响）和产业组织视角（多企业协作对企业绿色行为的影响）。除此之外，目前绿色创新文献中常使用的理论主要包括资源基础观理论、资源依赖理论、知识基础观理论、自然资源基础观理论、生态现代化理论、社会网络与关系理论、权变理论、制度理论、利益相关者理论、信息理论（信息不对称和信号理论）和交易成本理论等。本部分将对这些理论及其应用进行综述。

（一）基于资源的理论

在现有与绿色创新有关（包括环保创新、生态创新、可持续创新、绿色供应链实践及创新等）的研究中，基于资源的理论是主要的也是最受欢迎的理论观点（Gao 等，2017）。资源不仅包括有着积极回报期望的资本，也包括人力资源和知识以及企业所能掌控的稀缺的、有价值的、不易被模仿和替代的所有异质性资源（王庆喜和宝贡敏，2004）。现有研究中，基于资源的理论主要包括资源基础观（Resource-Based View）理论、资源依赖理论（Resource Dependence Theory）、知识基础观（Knowledge-Based View）理论以及自然资源基础观（Natural Resource-Based View）理论等，这些理论观点被认为是企业竞争优势来源的重要理论解释（王庆喜和宝贡敏，2004）。

1. 资源基础观理论

资源基础观（RBV）源于竞争优势理论，快速发展于 20 世纪八九十年代。Barney（1991）和 Peteraf（1993）对该理论的核心观点进行了完善。他们认为企业的资源是企业所控制的所有资产、能力、组织流程、企业属性、信息和知识等，而优势资源主要是由那些具有高价值、稀缺的、难以模仿的和难以替代的资源组成，这些资源会给企业带来先入者优势和租金优势等。该观点认为，竞争优势的基础主要在于企业如何处置一系列有价值的有形或无形资源并加以利用（Cheng 等，2014；Tu 和 Wu，2021）。资源基础观理论解释了企业通过创新提供可持续竞争优势的能力，通过不能被其他人复制的资源管理，从而成为阻止竞争者进入的理想屏障，因此确保企业的竞争优势和市场定位（Tan 和 Ndubisi，2014；Zameer 等，2022）。随着知识观和能力观的演进，资源基础观进一步发展，学者们认为优势资源带动了企业能力的发展，从而形成有效的竞争战略并给企业带来绩效，即形成了如下框架："资源→能力→战略→绩效"（熊立和熊奇英，2014）。

在与企业环保有关的研究中，资源基础观理论得到广泛使用，常被学者们用来解释动机、绿色创新和创新产出之间的关系。该观点认为资源是企业创新和发展的关键，是企业长期竞争优势的来源（Gao 等，2017），资源的差异会带来企业发展的差异。由于绿色创新有助于改善企业的声誉和形象，因此也被认为是一种重要的资源（Barney，1991）。在考虑到企业的供应链属性时，现有研究表明与上下游的合作能获得更多资源，整个供应链的知识和能力都可能通过合作落入到企业的资源当中（Lai 等，2010）。基于知识的资源基础观认为，企业与供应链中的伙伴可以通过共享资源来帮助以环境为导向的学习（Carter 和 Rogers，2008），这种组织间学习增强了整个供应链中企业所能掌控的资源（Sarkis 等，2011）。在使用 RBV 理论对企业绿色创新进行研究时，众多学者认为对于供应链企业来说，如何从外部获取绿色创新所需资源非常重要。而且来自下游客户的与企业绿化有关的资源更加丰富，客户具备绿色营销能力和更多的市场化资源（Shang 等，2010）。因此，现有基于资源基础观对供应链及企业绿化有关的研究更注重下游（客户）资源带来的竞争优势（Chan 等，2012；Burki 和 Dahlstrom，2017），对供应链上游（供应商）的关注则不够（Sarkis 等，2011），理论上和实践上对供应商的绿化资源研究仍然十分有限（Bai 和 Sarkis，2010）。

2. 资源依赖理论

在绿色创新中常被用到的与资源有关的理论还包括资源依赖理论。与资源基础观一样，资源依赖理论（RDT）同样强调资源对于企业的重要作用，但是该理论更关注的是来自于外部环境的资源，强调企业需要与外部环境相互依存，既要依赖于外部资源，又要减少对外部资源的依赖程度（Pfeffer 和 Salancik，2003；Carter 和 Rogers，2008）。RDT 的一个重要假设是企业在战略性的关键资源方面不能完全自给自足。他们需要依靠来自外部各方的资源进行竞争，并管理好与其他企业的依赖关系，争取可持续发展（Ulrich 和 Barney，1984）。该理论认为在供应链中，成员企业应该相互依赖和协作以长期寻求更高的绩效收益和竞争优势，而不应该以牺牲供应链伙伴为代价追求短期利益（Caniëls 等，2013；Peng 和 Liu，2016）。该观点认为客户和供应商关系是企业资源依赖的关键因素，可以减少企业运营环境的不确定性（Carter 和 Rogers，2008；Cao 和 Zhang，2010）。来自供应商的环保合作（如绿色采购、清洁技术提供等）、来自客户的环保合作（如绿色包装、回收处理等）都能帮助供应链企业改进资源获取和处理的方式（Sarkis 等，2010）。资源依赖理论也强调组织权力，认为组织的所有行为和决策都与其试图获取资源并控制其他组织的权力有关。因此，资源依赖的权力观论证了企业可以通过供应链传播环境理念和要求，如较大的公司基于其对小公司的权力，要求小型供应商公司采用绿色和无害环境的做法（González 等，2008）。

3. 知识基础观和自然资源基础观理论

除了资源基础观理论和资源依赖理论，知识基础观（KBV）理论和自然资源基础观（NRBV）理论也是两个重要的基于资源的理论。知识基础观是对资源基础观的进一步发展，将知识视为企业重要资源（Grant，1996；孙家胜等，2019；Shahzad 等，2020）。KBV 将知识区分为隐性和显性知识，认为知识，尤其是隐性知识（tacit knowledge）是隐藏在企业能力背后的关键资源和优势（Felin 和 Hesterly，2007）。在知识与创新的关系上，知识基础观认为创新本身既是过程（知识创造的过程），也是结果（体现新知识的结果）（马德辉，2007；Blome 等，2014）。同样，知识基础观也强调企业在通过内部学习积累知识的同时，也要超越企业边界进行知识的获取（孙家胜等，2019）。

自然资源基础观理论则是将自然资源环境对企业的影响（约束和机会）整合到 RBV 的理论当中，弥补了资源基础观理论只关注社会、经济、政治、技术等资源因素而忽略了生态环境影响的缺陷（Hart，1995）。Hart（1995）界定了自然资源基础观的理论框架，如表 1-4 所示。可以看到，相对于 RBV，NRBV 认为企业在产品形成的每一个阶段上，都可能对环境带来不良影响，因此，企业竞争优势的获取应该基于环境友好，企业应该在防止环境污染、产品管理和可持续发展三方面付出行为和努力，而这些行为必须建立在企业所拥有或能掌控的自然资源的基础上（Hart，1995；Hart 和 Dowell，2011）。同时，NRBV 也强调，企业可持续发展最重要的是获得未来的领先优势,绿色战略对竞争优势的影响需要资源的不断积累和演化,企业只有不断将各种活动绿色化,减少资源消耗和对环境的影响,才能获得更持续的竞争优势(Yunus 和 Michalisin,2016)。

表1-4 自然资源基础观(NRBV)理论框架

战略能力	环保驱动因素	关键资源	竞争优势
污染预防	废弃物排放和影响的最小化	持续改进	低成本优势
产品管理	产品生命周期成本最小化	利益相关者整合	先占位优势
可持续发展	企业成长和发展的环境负担最小化	共同的价值观	未来占位优势

资料来源:Hart(1995)。

(二)生态现代化理论

生态现代化理论(Ecological Modernization Theory)是一种具备系统观点的生态创新理论,该理论强调通过现代性的创新和技术发展实现经济发展和环境保护的双重目的(Jänicke,2008;York 和 Rosa,2016)。同时,该理论也强调通过前瞻性的环境政策、技术创新和市场机制减少对能源的消耗和原材料的使用以达到改善和保护环境并实现经济与环保双赢的目的,其四个核心要素在于:技术革新、环境政策、预防性原则及市场机制(郇庆治和马丁·耶内克,2010)。

现有研究认为生态现代化理论(EMT)可以从两方面解释企业在供应链中的绿色行为:一方面是涉及污染预防和控制的法规,主要是考察了有关环境保护的法律法规的演变及其对环境创新的影响。生态现代化理论认为生态法规和政策可以激励供应链中的企业(尤其是制造商)进行绿色化实践(Kassolis,2007)。第二个方面是涉及技术创新,认为制造商可以通过技术革新获得改善企业绩效的机会(Murphy 和 Gouldson,2000)。在这方面,生态现代化理论的观点是:制造商可以通过硬技术(如更清洁的生产设备)和软技术(如增加供应商在生态设计方面的协作)来实施绿色创新(Zhu 等,2012)。尽管国外学者已经将 EMT 广泛使用于解释政府环境规划和制造商应对环保发展的生产重组上(Murphy,2000),但中国学者目前对生态现代化的研究并不多。但是,生态现代化理论创始人马丁·耶内克也提到,由于中国目前正在实施生态化战略,因此对于中国企业来说,生态现代化理论也将是一个解释和解决中国企业所面临的生态问题的一个有效理论（郇庆治和马丁·耶内克，2010；刘湘溶和罗常军，2015）。

相对众多成熟的社会理论来说，EMT 还处于发展的初级阶段，尽管很多文献支持 EMT 解释了环境法规政策如何促进了企业的绿色实践并给企业带来经济和环境绩效，但这仍是一个相对广泛的理论，如何在组织层面上进一步完善其研究仍是很有必要的（Sarkis 等，2011）。例如，尽管政府可以督促企业根据有利于企业绩效提升的方式自愿去落实环境保护行为，但这些行为有可能不一定会为企业带来经济利益（王永贵和李霞，2023）。因此，EMT 强调的经济发展与环境保护的"双赢"理论基础还需要进一步通过实证研究进行评估。此外，如何通过该理论制定一个促进供应链绿色合作的有效机制也是值得研究的地方。因此，EMT 具有重大的研究潜力，值得后续继续研究和发展（Sarkis 等，2011）。

（三）权变理论

相对来说，权变理论（Contingency Theory）也属于比较年轻的理论，其起源于 20 世纪六七十年代，是一种基于应变思想而产生的理论。在管理领域的理论中，权变理论虽然起步较晚，但是却得到了广泛的使用。所谓权变，即意味着权衡与应变，也就是说，对于组织来说，没有一成不变的管理模式与方法，只有根据组织内外部条件的变化随机应变才能保持优势并获得成功（Luthans 和 Stewart，1977）。Rui 和 Voss（2008）总结了权变理论领域所涉及的三种变量：情境变量（contextual variables）、响应变量（response variables）和绩效变量（performance variables）。其中，情境变量对组织而言属于外生变量；响应变量是针对当前或预期的应急因素采取的组织或管理行动；绩效变量代表了有效性的具体方面，是一种衡量和评估前两种变量适合性的标准（Rui 和 Voss，2008）。管理领域的研究认为企业战略行为和商业环境特征之间的契合应该是管理者需要考虑的一个重要原则（Yu 等，2017）。根据权变理论，环境与企业行为和绩效之间存在着显著的关系（Henderson 和 Mitchell，1997），外部环境决定企业行为（尤其是战略行为），同时又反过来决定企业绩效，因此企业应该不断调整其结构和策略，以适应不断变化的环境因素，进而达到高绩效（Donaldson，2001）。

在现有研究中，环境的不确定性被学者们视为情境变量中的一个典型例子（Eroglu 和 Hofer，2014）。环保领域及绿色创新有关的研究认为来自于环境中的不确定性，尤其是市场的不确定性会影响企业绿色创新的绩效和效果（Chan 等，2016）。尽管权变理论认为环境的动态性和不确定性可以被视为一种调节变量（Teece 等，1999；Hart 和 Dowell，2011；Liao，2016），但 Chan 等（2016）指出现有研究中很少将该变量引入到绿色创新与企业绩效之间的关系中。

（四）其他理论

自从 Hambrick 和 Mason 于 1984 年提出高阶管理理论以来，该理论在管理领域得到了长足发展，由于其应用广泛，2007 年 Hambrick 再次在 AMR（*Academy of Management Review*）上对该理论进行了进一步说明与发展。他强调高阶管理理论的两个核心思想是：（1）管理者会根据他们所面临的具体战略情况进行个性化解释并据此采取行动；（2）这些个性化解释是建立在管理者的经验、价值观和个性上的（Hambrick 和 Mason，1984；Hambrick，2007）。尽管如此，Hambrick 和他的合作者们认为管理者的个人特征也会受到其他因素的影响，例如管理自主权（manageríal discretion），当管理者存在较大的自主权时，他们的个人特征对企业的战略和绩效就会有显著影响，而当管理者的自主权较小时，管理者的个人特征将不那么重要。在环保和可持续领域，基于该理论的使用，学者们认为管理者的视野可以帮助企业获得至关重要的市场感知和预测能力，从而能全面地认识新的机会和资源（Nadkarni 和 Herrmann，2010）。而且，诸如价值观和社会责任感等管理者的个人特征也能通过企业的管理行为促进企业员工对创新和持续改进的理解，从而帮助企业获得竞争优势（Padilla-Lozano 和 Collazzo，2022）。尽管如此，具体到绿色创新的研究文献中，该理论的使用却并不多见。

社会网络理论（Social Network Theory，SNT）被认为是一个很适合用来帮助解释可持续发展和复杂网络现象的有效工具（Connelly 等，2011；张宝建等，2011），该理论将组织结果视为组织内组织或个人之间的社会关系的函数，组织会根据社会网络的信息和影响做出决策（Jones 等，1997；Wuyts 等，2013）。SNT 并不是一个单一的理论，而是一系列相关理论的集合，这些理论包括：弱关系与强关系理论、结构洞理论、社会资本理论等。

格兰诺维特认为社会网络中同质性较高的个体间提供的更多可能是冗余而低价值的信息，而真正有用的信息往往来自异质性个体，弱关系能带来更具价值、更低成本、更高效能的信息传播（Granovetter，1977；Granovetter，1985）。结构洞理论则认为人所处社会网络中的空隙（即结构洞）体现了个体之间的直接或间接关系，能为处于该结构洞中的个人或组织带来资源和关系优势（Burt，1995）。社会资本理论则更强调组织的社会网络，认为社会资本是"实际资源或潜在资源的聚集，这些资源与或多或少的相互了解和认识的制度化关系的持久化网络的拥有相关联"，它表述了在社会网络或其他社会结构中成员获利的能力的来源（Portes，1998）。社会资本的三个重要维度：关系资本、认知资本和结构资本嵌入到组织的社会网络中，为组织的优势发展提供动力（Inkpen和Tsang，2005）。

现有文献表明供应链中企业与顾客、供应商之间的关系就是典型的社会网络关系。企业可以通过桥接供应链网络中的结构洞来获益（Ahuja，2000），这种获利能力受到两个因素的影响：一是密度；二是中心性（Rowley，1997）。当企业与之关联的外部合作伙伴越多时，其所处的网络密度越大，而网络密度的增加会导致企业抵抗来自网络成员的外部压力的能力下降。中心性指的是单个组织在社会网络中所处的位置及其控制信息流动的能力，当企业的位置越靠近供应链网络中心时，企业会有越多的资源和关系优势，因此其抵制外部压力的能力也得以增加（Wasserman和Galaskiewicz，1995）。Sarkis等（2011）的研究表明，在企业所处的供应链网络关系的研究中，至少有三方面的问题可以使用社会网络理论加以解释：一是对供需关系中的环保要求的研究，如客户的绿色采购需求、消费者的需求、对供应商的ISO14001系列认证的要求都可以使整个供应链网络绿色化（Seyfang，2006）；二是新产品开发中的环保信息共享，处于网络中心位置的企业可以通过更有效的方式获得环保信息共享的主动权（Zhu和Liu，2010；李梦楠和贾振全，2014）；三是供应链协同，企业可以通过供应链网络与合作伙伴共同开发可循环利用的产品和进行更清洁生产的环保合作（Chiou等，2011）。同时，因为社会网络的多维化，与客户合作的组织往往与供应商也有合作，因此，他们之间的社会网络将具备更大的潜力来实现环保成功（Theyel，2006）。但总的来说，在现有的绿色创新文献中，社会网络理论的使用并不多，还值得在该领域进一步使用和发展（Sarkis等，2011）。

关系理论在研究组织间相互作用时经常被用到。罗珉和徐宏玲（2007）认为组织关系理论横跨了组织社会学、经济学和管理学等多个领域，两位学者从资源基础观视角、知识基础观视角、社会逻辑观视角和组织学习理论视角等四个不同视角对组织关系理论进行了总结，认为组织间关系形成的无形资源会影响组织的决策和具体运营，同时也为企业建立了一个可以相互学习和促进知识转移的平台，因此推动了创新。在与中国情境有关的研究中，关系理论也是不可缺少的一个重要理论。现有发表于国外期刊的文献都使用"Guanxi"一词来特指中国式的关系（Xin和Pearce，1996；Park和Luo，2001；Luo，2008）。与西方基于契约的关系不同，中国式关系是基于中国特定的社会伦理，以"给面子"和"送人情"等特定的中国式互动作为重要机制（Park和Luo，2001）。宝贡敏和刘泉（2008）定义关系理论中的广义的Guanxi是泛指所有的社会交往与联系及人际互动等，而狭义的Guanxi指的是以亲疏关系为基础形成的人际关系结构，其目的是实现利益和感情的交换。由于组织Guanxi是基于个人Guanxi而形成并得以巩固和加强（宝贡敏和刘泉，2008），因此，在对中国企业的关系研究中，人际关系作用得到学者们的广泛关注。

基于各种压力的理论也是绿色创新领域使用较多的理论，其中最典型的就是制度理论和利益相关者理论。制度理论研究外部压力如何影响组织行为（Hirsch，1975）。这些压力主要来自三方面的驱动：一是强制性驱动，即外部权力带来的压力（例如政府利用罚款进行强制要求）；二是规范性驱动，即企业必须遵循的使其行为合法化的压力；三是模仿性驱动，即企业对成功者（多为行业竞争者）行为模仿以求复制对方成功之路的压力（DiMaggio和Powell，1983）。制度理论在企业创新和社会责任的研究中得到了较多关注（吴小节等，2015）。早期研究认为，政府强制是促进企业进行绿色创新的关键（Rivera，2004），如Zhu等（2007）认为中国颁布的越来越严格的环境法规促使了企业进行绿色创新和环保实践。Porter和Van der Linde（1995）也提到较早的研究认为制度理论中的强制压力对推动企业环保管理至关重要，是企业进行绿色创新的最主要原因，但他们的研究指出除了强制压力，规范性压力也能推动企业进行绿色创新和环保实践。社会对环境保护要求（如客户和市场对环保产品的需求）的增加也成企业实施绿色创新的核心规范性压力（Sarkis 等，2011），企业采取被利益群体所广泛认可的做法和价值观是规范性的体现（涂智苹和宋铁波，2016）。例如，消费者的伦理价值观和生态思维使得他们更愿意选择绿色产品（Carter 等，2000），这也成了规范性压力对企业绿色创新推动的一大体现。而制度理论强调的第三个方面的驱动来自模仿，跟随成功的竞争对手来复制其成功路径也是企业环保管理和创新的重要方式，尤其是模仿更先进公司的生态设计和环境管理实践来提升企业的绿色管理和创新能力对处于落后地位的企业非常重要（Zhu 和 Liu，2010）。

与制度理论类似，利益相关者理论也是基于压力的一种理论，其强调不同利益相关方对企业行为产生影响，外部性导致利益相关者增加对企业的压力，以减少负面影响并增加积极影响（Sarkis 等，2011）。利益相关者被定义为"任何能影响或会受到组织目标实现所影响的团体或个人"（Freeman，2010）。除了该被广泛使用的定义，学者们也将利益相关者进行了不同的维度划分，如契约型利益相关者（股东、供应商、顾客等）和公众型利益相关者（政府部门、媒体、社区等）（Charkham，1992）；首要利益相关者和次要利益相关者（Clarkson，1995）；确定利益相关者、预期利益相关者和潜在利益相关者（Mitchell 等，1997）等。在供应链和企业绿色创新相关研究中，利益相关者被认为尤其重要（Brito 等，2008），利益相关者往往被用来解释企业采用绿色创新和环保实践的外在重要驱动因素（彭雪蓉，2014；Baldassarre 等，2017）。

交易成本理论在企业创新与绩效的关系中也是使用较多的一个理论。交易成本理论强调两个实体之间完成一项活动需要的努力和成本（Williamson，1981），认为交易成本是在两个实体之间交换产品或服务所需的产品或服务成本之外的活动成本。威廉姆森认为资产专用性、交易的频率和不确定性是组织之间交易的三个重要维度（Williamson，1981）。在绿色供应链和企业绿色实践的研究中，类似于"自己制造还是购买"这样的传统决策问题往往就取决于对交易成本的估算，如果内部交易（自己制造）成本大于外部交易成本（购买），那么企业就会采用购买等更具经济意义的选择

(Zsidisin 和 Siferd，2001）。从环境保护的角度来看，企业如果发现某些流程是破坏环境从而可能给企业带来更高成本时，往往会通过外部交易等方式来降低成本，减少环保责任和风险（Sarkis 等，2011）。数学模型是一个常用的评估不同类型交易和决策的实际成本的方法（Cruz，2008；Sarkis 等，2011；Niesten 等，2017）。

此外，信息和信号理论也被用来解释企业绿色实践的一些问题（Sarkis 等，2011）。信息理论最初是用来解释劳动者与雇主之间信息不对称导致的逆向选择的问题，由于信息共享对个体和组织之间的合作至关重要，而信息不对称会引发各类逆向选择问题，因此，以 Spence 为代表的学者们提出了信号理论来解决信息不对称情况下的信号选择与甄别问题（Spence，1973）。随后，信号理论在更多领域得到了扩充与使用，如产业组织领域、社会制度领域等。而在环保有关的研究中，信息的控制和共享更显重要，企业依赖于供应商披露有关原材料、半成品和其他所需资源的环境信息以满足客户对环境保护的不同需求，因此信号理论也被学者们用来解释与之相关的问题。有研究认为，供应链中拥有更多权力的公司更容易获得关键信息，从而形成信息不对称，因此权力在企业之间的分散、更多的信任和协调都能减弱信息的不对称性（Lai 等，2010）。同时，研究也表明，在供应链中，当企业与利益相关者的信息不对称较高时，他们会借助诸如 ISO14001 等企业间公认的环保信号来规避信息不对称带来的风险。

（五）基于理论的探讨

从供应链视角来看，企业作为一个经济实体除了自身对利益和可持续发展的追求，也需要考虑到与供应链上其他合作伙伴的交互和共同发展。现有关于供应链伙伴对企业绿色创新的研究多关注与客户的合作，对供应商的研究大多是基于监管的角度，很少考虑到与供应商的合作对企业绿色创新的作用。实际上，与客户的合作能带来更贴近市场的知识，有助于企业绿色创新的实施与扩散。而与供应商的合作能给企业带来更多技术性的支持，更有助于企业绿色创新的产生和完善（Huber，2008）。Rakic（2014）也强调目前对企业间环保合作的影响研究相对缺乏。因此，本书综合考虑与上下游企业的合作对企业绿色创新的影响，以期更系统地思考对于企业绿色创新的不同维度，上下游究竟起到何种作用。Gao 等（2017）通过对供应链可持续发展文献的回顾，也提到目前很少有研究关注供应链环境下提供可持续产出的创新，而这种创新是一个值得探索的伟大研究机会。因此，从供应链视角对企业绿色创新进行研究将更具理论和实践指导意义。

此外，内部资源是企业创新的关键因素，对绿色创新而言，内部资源的支持也非常重要。为了更深入和完整地探讨企业的绿色创新，学者们对企业内部资源和因素也进行了探讨。现有研究多考虑经济因素和技术资源，如技术轨迹与技术优势（Cai 和 Zhou，2014；Sáez-Martínez 等，2016）、研发成本与投资回收等（Lee 等，2014；Hami 等，2015；Ociepa-Kubicka 和 Pachura，2017）。也有学者从管理资源的角度探讨了影响企业绿色创新的管理体系、组织制度等（Kesidou 和 Demirel，2012；Amore 和 Bennedsen，2016）。随着企业管理资源中的高管的作用不断凸显，学者们也加强了对高管在绿色创新中作用的研究，其中以对高管承诺和支持的研究为主（Burki 和 Dahlstrom，2017），而对另一个重要因素，即高管对环境的关注（managerial environmental concern）却还不够重视（Zhang 等，2015）。研究高管对环境的关注如何影响企业绿色创新，以及其在外界环保合作与企业绿色创新之间的调节作用，将更进一步丰富基于资源基础观理论的企业绿色创新研究。

众多理论为企业绿色创新的前因研究提供了众多有价值的指导，但对于企业来说，绿色创新的产出及其对企业绩效和竞争优势的作用更为企业所关注。学者们多是从生命周期理论、交易成本经济学等视角进行研究（Sarkis 等，2011）。随着对企业绿色创新的关注不断增加，常被用于宏观层面分析的生态现代化理论也开始被用于微观的企业层面，学者们基于生态现代化的视角探讨了企业绿色创新对竞争优势的影响（李怡娜和叶飞，2011；Li，2014）。尽管这些理论视角都很好地解释了企业绿色创新对绩效的影响，但单一理论视角仍无法完全解释在激烈的市场竞争下两者之间的关系是否有不同的变化。有鉴于此，本书结合生态现代化理论和权变理论探讨环境不确定性（市场和技术的不确定性）对企业绿色创新和竞争优势的影响。具体来说，本书首先从生态现代化理论的视角解释波特假说中的环保实践（绿色创新）对企业绩效（环境绩效和竞争优势）的影响，随后使用权变理论来探讨在不同的环境条件下两者关系的变化。

第四节 研究内容及相关核心概念

一、研究问题及内容

在国内外大力推动环境保护的前提下，为了解决"环境与发展"的两难问题，企业必须通过绿色创新来应对变化并保持可持续发展。对于企业来说，如何有效地进行绿色创新是值得深思的问题。因此，本部分将基于上述背景，提出本书的研究问题和具体研究内容。

（一）研究问题

通过前期企业实地调研，笔者认为对于到底是什么因素推动了企业的绿色创新并让企业获得竞争优势是值得探讨的问题。因此，本书要回答的核心问题包括"什么因素影响了企业的绿色创新"以及"企业的绿色创新对竞争优势有何影响"。具体到供应链动态环境的现实背景下，本书提出以下研究问题：

研究问题一：供应链背景下，供应链环保合作和企业管理者对环境的关注如何影响企业绿色创新？中国式关系在其中起什么作用？

从资源的来源看，供应商提供的是技术性资源，有助于企业在绿色创新过程中获得技术援助，同时，供应商提供的符合环保要求的零部件也可以降低企业绿色创新的难度并节约创新成本，对企业绿色流程创新将有积极的影响（Triguero 等，2013）。而客户提供的是市场性资源，有助于企业抓住市场需求并有效地将绿色创新成果推向市场（Chan 等，2012）。Gao 等（2017）认为，企业创新分为三个阶段：第一阶段是前创新阶段（pre-innovation）；第二阶段是创新阶段；第三阶段是后创新阶段（post-innovation）。目前对前创新阶段的研究主要涉及对创新前因和动机的研究。创新阶段则指创新的产生阶段，对绿色产品创新来说，即原材料的输入到绿色产品的产出。而在后创新阶段，主要是创新的采纳和扩散阶段，对企业的绿色创新而言,该阶段就是将创新的绿色产品推销出市场并为企业获得利益,即商业化和获利的阶段(Teece,1986)。显然,与供应商的合作使创新阶段的输入和中间的处理过程更加顺利,而与客户的合作能推动后创新阶段的发展。因此,本书将从供应链的视角对企业的绿色创新进行研究,深入分析上下游的环保合作对企业绿色创新不同维度(产品创新、流程创新和管理创新)的影响。

同时,基于中国情境的研究表明企业之间中国式的人际关系对合作和创新均起到重要的作用。但是目前的研究结论仍然有一定的争议。一方面,学者们认为基于中国情境的关系理论表明企业与合作伙伴之间有着越密切的私人联系,越能促进他们之间的合作和创新。另一方面,学者们通过研究也发现,两个企业联系人之间的关系太密切也会给企业带来负面的影响(黄海洋等,2016),如联合欺瞒、腐败、为了谋取私利而牺牲组织利益等。而且,过好的私人关系带来的"套牢作用"也可能使企业失去拥有更好合作伙伴的机会(Nie等,2011;Cui等,2013)。同时,目前关于人际关系对供应链绿色实践作用的研究还非常缺乏(Luo等,2014)。因此,本书也将探讨中国式企业间人际关系在企业环保合作与创新之间的作用。

在研究问题一中,笔者还考虑到企业内部管理者对绿色创新的作用。对该问题的研究旨在发现企业内部因素,即管理者对环境的关注对企业绿色创新的作用机制。随着环境保护的重要性不断增加,其对企业的影响也日趋明显,企业管理者对环境的关注对企业的长期可持续发展起到了重要的推动作用,积极影响了企业对环境问题回应的范围和速度(Tseng等,2013),这也就意味着对环境关注比较高的管理者会投入更多时间和资源进行环境保护的计划。但是目前仅有很少的研究将其关注点放在管理者对环境的关注上(Hojnik和Ruzzier,2016)。实际上,管理者对环境的关注在企业的绿色创新战略上起到了重要作用(Shahzad等,2020),被认为是企业绿色创新的两个最重要的推动力之一(Qi等,2010)。管理者对环境的关注激发了企业的环境响应能力,推动企业在生产过程中进行环保创新,从而进一步推动了新的环境产品开发。因此,本书将探讨管理者对环境的不同关注度(漠不关心或极为重视)对企业的绿色创新的不同维度是否会有不同的影响。同时,来自管理者的关注越多的时候,组织对创新给予的鼓励和支持就越多，企业在合作过程中遇到的问题也就更容易得到解决，从而越有利于促进绿色创新。因此，为了更系统地分析管理者关注对绿色创新的作用机制，本书还将研究管理者对环境的关注在企业供应链环保合作与绿色创新关系上的调节作用。

研究问题二：企业绿色创新对竞争优势有什么样的作用？环境绩效在其中的作用又如何？

具体而言，以上问题又可以进一步细化为：绿色创新对企业环境绩效和竞争优势的影响究竟如何？不同的创新维度是否对绩效有不同的影响？环境绩效的改善在绿色创新与企业竞争优势之间起何作用？

尽管已有研究一致认为绿色创新对企业绩效起着重要的作用。但更多研究强调的是绿色创新为企业带来的经济绩效和市场绩效，对环境的影响往往被忽视（Yang 和 Chen，2011）。而且，绿色创新为企业带来的竞争优势在学术界也没有得到足够的重视（Ar，2012）。同时，环境绩效作为企业绿色创新可见的短期效益，它在绿色创新行为与企业长期竞争优势之间可能会起到传递作用。因此，本书在第二个问题的探讨中也会考虑环境绩效作为中介机制作用于企业绿色创新与竞争优势之间的关系上。

研究问题三：环境不确定性情况下，绿色创新对创新后果（企业环境绩效和竞争优势）的作用是否会发生变化？

对于中国制造企业而言，由于处于国家大力倡导"中国智造"的契机下，企业面临快速变化的市场和技术改造，满足环保要求的绿色创新成为企业获得竞争优势和可持续发展的重要途径。因此，本书将特别探讨当面临不确定的环境因素（市场因素和技术因素）影响时，绿色创新对企业环境绩效和竞争优势的影响会不会发生变化。

(二) 研究内容

基于前面提及的三个研究问题，本书主要研究内容包括：

第一，供应链环保合作对企业绿色创新的影响研究。本书将基于资源基础观理论（Barney，1991；Mayer 和 Salomon，2006；邢丽云和俞会新，2020）和社会网络理论（Granovetter，1983；Liu 等，2017），探讨不同的供应链环保合作（供应商环保合作和客户环保合作）与不同的绿色创新维度（产品创新、流程创新和管理创新）之间的关系。

第二，企业管理者对环境的关注与绿色创新之间的关系研究。本书将基于高阶管理理论（Hambrick，2007；席龙胜和赵辉，2022；郑嘉容和韩明华，2023），探讨企业管理者对环境的关注程度与企业绿色创新不同维度之间的关系。同时，还将研究管理者对环境的关注在供应链环保合作与企业绿色创新之间关系的调节作用。

第三，企业绿色创新对环境绩效和竞争优势的影响研究。具体包括企业绿色创新的三个不同维度——产品创新、流程创新和管理创新——分别对企业环境绩效和竞争优势的影响，企业环境绩效对竞争优势的影响。本书将基于生态现代化理论（Murphy 和 Gouldson，2000；李怡娜和叶飞，2011）来解释这些变量之间的关系。

第四，企业间人际关系对环保合作的影响及在环保合作与企业绿色创新之间关系的调节作用研究。具体分析企业与供应链合作伙伴之间的人际关系（管理者之间、联系人之间的人际关系）对环保合作的直接影响及环保合作与企业绿色创新不同维度之间关系的调节作用。

第五，环境不确定性对企业绿色创新和环境绩效及竞争优势之间关系的调节作用研究。具体来说，分析市场不确定性和技术不确定性情况下，企业绿色创新与环境绩效之间的关系是否会发生变化，企业绿色创新与竞争优势之间的关系是否会发生变化。本书将基于权变理论（Luthans 和 Stewart，1977；Prajogo，2016；Tsai 和 Liao，2017）来研究这些关系之间的变化。

二、相关核心概念

为了进行科学研究，首先要对概念进行清晰的界定。本书涉及的核心概念包括绿色创新、供应链环保合作、企业间人际关系、管理者对环境的关注及企业环境绩效和竞争优势。绿色创新的概念上述已经做出界定，此处对其他重要概念进行界定。

（一）供应链环保合作

供应链合作的概念经过了从"cooperation""coordination"到"collaboration"发展的阶段（Matopoulos 等，2007；Cheng 等，2010）。最新的"collaboration"强调供应链中的整合，企业之间共享技术或其他信息，联合制订计划，成了真正利益相关的长期合作伙伴。随着市场对环保要求的增加，供应链环保合作的概念也被不断提及。基于供应链的角度来看，环保合作不仅包括与上游供应商的合作，也包括与下游客户针对环境问题的合作。因此，基于 Burki 和 Dahlstrom（2017）的研究，本书的"供应链环保合作"指的是企业与供应链中上下游合作伙伴在环保问题上进行的共同决策和计划，为解决环境问题和实现双方环保目标而进行的信息分享与共同的环保实践活动，目的旨在实现 win-win 的利益共享。

（二）企业间人际关系

"关系"被认为是一种文化特征，它表示了中国社会群体中存在的联系或关系纽带，是了解中国企业组织行为的最具中国情境的核心概念（魏江等，2014；问延安和沈毅，2016）。英文文献中一般用"guanxi"来特指中国社会中的关系。与"relationship"不同的是，人们普遍认为中国企业中的合作关系主要嵌入在人际关系中（Luo，2008；Cheng，2011），这种人际关系具有特殊效用，能够促进互惠行为的发生（唐炎钊和王容宽，2013）。本书中的"企业间人际关系"指的是企业与合作伙伴的管理者和联系人（采购员、销售员等）之间的情感性交互（庄贵军等，2008；Zhang 等，2014）。尽管是个人层面的关系，但是区别于一般个体，企业间人际信任产生于能代表企业的个体之间，因此学者们一致认为这是一种组织层面的因素，也就是说，企业间人际关系体现的是跨组织的关系（Lee 等，2017）。

（三）管理者对环境的关注

管理者对环境的关注（managerial environmental concern）是一个较新的概念，笔者在多个数据库（如 Web of Science、Elsevier SDOL、CALIS、ABI/INFORM 等）中进行搜索后，发现使用该概念的文章并不多，但这并不意味着该概念是不重要的。Qi 等（2010）的文章揭示管理者对环境的关注是企业进行环保实践和绿色创新最重要的驱动因素。Hojnik 和 Ruzzier（2016）也认为对企业绿色流程创新来说，管理者对环境的关注是仅次于竞争压力的最重要驱动力。与之相近的概念包括"高管环保意识（managerial environmental awareness）"，该概念重在管理者对企业行为造成环境影响的认知程度及环保行为对企业收益增加的认知程度。这种认知更多的是来自环境对管理者所带来的客观感知。而关注是一种更主观的态度，其更容易导致行为的产生，因此，从本质上来说对环境的关注才是企业管理者形成环境保护意识和行为的基础，也是企业绿色战略的重要部分。因此，本书采用"管理者对环境的关注"这一概念。尽管研究管理者对环境的关注的文章并不多，但"environmental concern"一词被学术界众多研究所使用，人们认为对环境的关注是一种态度，这种态度会驱使人出于对自我和他人利益的考虑而去关心环境（Schultz 和 Zelezny，1999；郑嘉容和韩明华，2023）。因此，本书中"管理者对环境的关注"指的是：企业的管理者对自然环境重要性的认知及其表现出的对环境保护的积极或消极的态度。

（四）企业环境绩效和竞争优势

对企业绩效的研究包括财务绩效、市场绩效、社会绩效、环境绩效等。本书重点在于研究企业的环保创新行为对企业和环境带来的影响，因此主要关注企业的环境绩效。本书中的"企业环境绩效"是指企业通过环保行为所获得的环境效益，包括减少企业活动对环境影响的改善，如减少污染物和有毒物对环境的影响（Chiou 等，2011；Dong 等，2014），也包括企业从中获得的优势，如企业形象的提升等（Li，2014）。在以波特为代表的修正主义学派的观点中，改善环境绩效是企业竞争优势的重要来源（Porter 和 Van der Linde，1995；Ramanathan 等，2017），绿色创新为企业带来的不仅仅只有环境绩效，也包括竞争优势（Küçükoğlu 和 Pınar，2015）。本书中的"竞争优势"指的是与竞争对手相比，企业在成本和差异化等方面所具有的特质（Marchi 等，2013；Banker 等，2014），这种特质使得企业在市场竞争中具有可持续性优势（Porter，2008；Pereira-Moliner 等，2016）。

本章小结

本章先是对企业绿色创新的现实背景和理论背景进行了分析，指出绿色创新是应对环境保护与经济发展两难问题的必然选择。随后对绿色创新丰富的理论内涵加以阐述，分析了绿色创新的特征与定义、维度划分等。同时，总结了现有关于绿色创新研究中所使用的多样化研究方法和不同的理论视角，并据此提出本书的研究问题和相关内容，随后对研究问题所涉及的关键概念进行了界定。

第二章
企业绿色创新的驱动因素及结果变量

第一节 企业绿色创新的驱动因素

一、企业内部影响因素

现有文献中,管理(者)、文化(价值观)和能力被视为组织内部因素中对绿色创新起着最重要作用的因素(Chen等,2008)。其中,对企业内部高层管理者作用的研究成为绿色创新驱动因素研究的新热点,被认为是企业绿色创新最重要的驱动因素之一(Qi等,2010;王永贵和李霞,2023)。本书接下来对现有文献中有关组织内部对绿色创新的影响因素进行分析与综述,主要涉及内部环境管理(管理体系)、组织特征与能力、管理者意识与行为等几个方面。

(一)内部环境管理体系

根据 ISO14001 给出的定义:环境管理体系是组织整个管理体系当中的一个组成部分,包括为制定、实施、实现、评审和保持环境方针所需的组织机构、计划活动、机构职责、惯例、程序、过程和资源,同时也包括组织的环境方针、目标和指标等管理方面的内容。过去十多年,内部环境管理体系的作用被众多学者所重视,它被认为是企业内部积极的环保管理实践,也是解释公司环境和业务性能改进的关键因素(Amores-Salvadó等,2015;Huang等,2016)。实施环境管理体系的企业一方面可以通过自身对产品生命周期中各环节的控制来预防和减轻对环境的不利影响，从而有助于绿色创新的实施和发展。另一方面，又可以通过对供应链中合作伙伴的合规性引导，从而获得更具环保性的原材料和零部件，继而推动企业设计和生产更符合环境要求的绿色产品（黄进，2017）。内部实施的环境管理体系（EMS-environmental management system）也被认为是企业应对环境规制的较强但却相对隐性的组织能力之一（Cai 和 Zhou，2014；Kesidou 和 Demirel，2012）。Cai 和 Zhou（2014）的研究认为环境管理体系一是可以直接强制企业确定环保目标，并建立起相应的组织结构以及与此相关的计划；二是可以间接地引导企业学习并提供有关环境管理的重要信息来帮助企业从源头减少浪费，进而在资源和产品回收利用、污染预防和绿色产品设计等方面提供信息支持和帮助。Florida 等（2001）也证实了组织资源和绩效监控系统对企业绿色创新的实施和采纳起着重要的作用。因此，当企业在环境管理方面有较强的组织能力时，企业在产品和流程上的绿色创新也会得到推动（Rehfeld 等，2007；Wagner，2008；Blind，2012；Singh 等，2016）。

但是，也有学者认为，企业内部的环境管理体系仅仅只是扮演一个合法性的角色，用来缓解利益相关者与制度之间的矛盾和压力，因此并不会直接带来创新或者改进（Bansal 和 Hunter，2003）。甚至诸如 ISO14001 等标准化体系的实施可能会成为企业创新的一种限制和障碍（Könnölä 和 Unruh，2007），更多反对的声音则认为实施环境管理体系会给企业增加额外的成本来源（Darnall 和 Edwards，2006）。

（二）组织能力

企业组织能力是指企业在长期生产经营过程中所固化下来的一种能力，这种能力由组织内部结构和流程的合理运作所反映（马媛等，2018），组织能力帮助企业对内外部资源进行整合与重构，以适应动态环境变化，并在战略上建立竞争优势（梁敏等，2022）。在可持续创新研究的文献中，组织能力被认为是企业绿色创新的一大推动因素（Kesidou 和 Demirel，2012；Cuerva 等，2014；Bar，2015；Li 等，2017）。Kesidou 和 Demirel（2012）使用 Heckman 选择模型对影响企业绿色创新的因素进行了分析，他们发现企业在源头削减、循环利用、污染预防和绿色产品设计方面的先进的组织能力能有效促进企业增加在绿色创新方面的投资，而过时的组织能力既不能匹配市场需求也不能跟随技术趋势，因而对企业绿色创新没有积极的作用（Chen 和 Chang，2013）。

Li 等（2017）认为组织能力中的盈利能力对于绿色创新来说也是至关重要的。绿色创新需要大量的资源，如资金、劳动力、原材料和技术等，而盈利能力是满足这些的基础。因此，盈利能力对企业未来发展起着至关重要的作用，是企业管理自主的一个重要基础。当企业有了更高的盈利能力时，它们往往愿意在环境友好型技术和管理系统上投入更多，例如更有能力置换先进的污染预防和控制设备。尽管学者们认为盈利能力能推动企业的绿色创新，但更多的学者证实了绿色创新对盈利能力的促进作用（Chen 等，2006；Ghisetti 和 Rennings，2014）。除此之外，Ramanathan 等（2017）也强调了企业的组织柔性能力对绿色创新的促进作用。他们认为企业的柔性能力可以为创新提供机会，并且提供内外部资源和能力以应对环境规制的要求。

（三）管理者的作用

随着对企业管理者作用的重视，越来越多的与环保主题相关的文献将企业高管纳入研究主题之一。现有文献中对管理者在绿色创新中的作用的研究强调高管认知，根据高阶管理理论的观点，企业管理者尤其是高层管理者通过其价值观和经验等个人特征和认知模式来解读环境，不同的认知模式下，管理者会使用不同的方式来应对环境问题（Hambrick，2007）。现有对管理者作用的研究主要从以下几个方面来进行：管理者的环保意识、管理者的承诺与支持以及管理者对环境的关注等。

环保意识被认为是企业绿色创新和绿色实践的重要内部推动作用。朱庆华及其合作者在其系列有关绿色供应链管理的研究中都强调环保意识的重要作用，他们认为环保意识来自管理、竞争、市场等方面的因素，是企业实施绿色管理的关键维度（Zhu 等，2005；Zhu 等，2007；Zhu 等，2013）。而从高管的角度来考虑，现有研究主要将高管的环保意识概括为两方面：一是高管对企业环保行为可能给环境带来负面影响的风险意识；二是高管对环保行为可能给企业带来好处的收益意识（Gadenne 等，2009）。学者们认为出于道德和社会价值观的考虑，高管的环保风险意识越强，在决策时越可能选择对环境有较小影响的战略，从而推动绿色创新，即所谓的道德驱动型创新。当高管的环保收益意识越强时，考虑到企业的获利，作为决策者的高管们越愿意选择能推动企业绩效提升的绿色创新，即所谓的利益驱动型创新（Gadenne 等，2009）。彭雪蓉和魏江（2015）在此基础上研究了中国企业的高管环保风险意识和高管环保收益意识在环保导向与企业生态创新上的调节作用，结果显示不管是风险意识还是收益意识，高管环保意识都会影响企业环保导向与生态创新之间的关系，从而证实了高管环保意识对企业创新的重要作用（邢丽云和俞会新，2020；梁敏等，2022）。

由于在产品创新过程中促进环保问题与其他功能性问题的整合，高层管理者的承诺与支持在绿色产品创新中非常重要（Pujari，2006）。一直以来，高管的承诺与支持都被认为是内部环保管理的重要关注点和企业创新的重要驱动因素（Chiou 等，2011；席龙胜和赵辉，2022）。Huang 等（2016）认为高管支持是绿色组织的一个重要组成部分，为了避免不遵守环境法规可能给企业带来的不良后果，企业高管往往会支持绿色创新战略的采用。同时，高管承诺被认为对于发展组织结构来说至关重要（Daily 和 Huang，2001），是环保运作和绿色创新的内部保障与支持（Burki 和 Dahlstrom，2017）。与一般创新相同，绿色创新也需要来自企业多个部门和功能机构的合作与支持，如技术部门对绿色创新技术的开发与支持、生产和物料部门对产品创新和生产过程中的环境数据分析和问题处理等，若没有来自企业高管的有力领导和具体支持，对产品有关环保问题的创新性解决很难得到企业跨部门多功能的协同（Pujari，2006；Lee，2008）。但是，也有研究认为尽管高管的支持会积极推动企业的环保文化，但是对环保实践的高管支持并不一定能直接影响流程导向和市场导向的绿色创新及其市场化（Fraj 等，2013）。

除了管理者的环保意识、承诺与支持外，基于更基础的认知态度的管理者对环境的关注也逐渐得到了重视，学者们认为来自管理者的积极态度和关注有力地推动了企业的绿色创新战略，对环保的关注会带来持续的承诺与支持（Singh等，2020）。Eiadat等（2008）认为管理者对环境的关注会积极推动企业对环境问题的反应，因此对企业的绿色创新战略起着重要的作用。他们的实证研究表明有着对环境管理积极关注和高度重视的管理者将更容易推动企业进行绿色创新。Hojnik和Ruzzier（2016）两位学者在其有关绿色创新对企业绩效的实证研究中，也探讨了管理者对环境的关注所起的作用，他们的研究表明，管理者的环保关注由于激发了企业对环境的响应能力，进而影响到企业的绿色采购等供应链环保合作（Yen和Yen，2012），因此有效地推动了企业的流程生态创新，从而更进一步促进了企业的生态产品创新（Hojnik和Ruzzier，2016）。尽管管理者对环境的关注被认为是高层管理者应对环境问题的一个重要反应及推动企业实施绿色创新的关键因素（Eiadat等，2008；Qi等，2010；Tseng等，2013），但是目前对其进行的研究仍相对缺乏（李巧华，2014；Hojnik和Ruzzier，2016）。在对企业生态创新进行的文献综述中也提到，管理者对环境的关注是一个非常重要却没有得到足够重视的企业生态创新的驱动因素之一。

除此之外，管理者的其他个人特征如性别、年龄、受教育程度、职位、工作年限等也成了学者们研究的对象。有实证研究表明女性比男性更具有社会责任感（Bacq等，2016；王为东等，2022），也有研究表明管理者的性别差异对企业绿色创新并没有显著不同的影响（Chenoweth，2003）。相对年龄偏大的人来说，较年轻的人对绿色创新的推动力度更大（de Medeiros和Ribeiro，2017）。而从受教育程度来说，受教育程度更高的管理者对绿色创新的推动力度也越大（Diaz-Rainey和Ashton，2015）。以往研究也表明工作年限越长的管理者具备更多的工作经验和丰富的知识，更容易整合企业各部门资源，从而解决绿色创新中出现的各种问题并推动企业绿色创新的实现（Cheng和Shiu，2012；Cheng等，2014；Yu等，2017），但是也有研究表明工作年限越长的管理者，越容易形成惯性思维，从而阻止绿色创新的实施与推动（Hansen和Birkinshaw，2007；王向阳等，2011）。

（四）组织基本特征

在现有研究中，组织基本特征如组织年龄、规模、经营性质、所属行业等也被认为是影响企业绿色创新的内部因素（Hojnik 和 Ruzzier，2016）。具体的实证研究中，以上几个变量对企业创新的作用结果并不一致。如 Cuerva 等（2014）将企业规模和年龄作为控制变量纳入到实证分析的结构方程模型中，结果显示，企业规模对企业绿色和非绿色创新都有显著的积极影响，而企业年龄则并不是绿色创新的重要决定因素。Horbach（2008）的实证结果也同样显示企业年龄对绿色创新并没有显著影响。Amores-Salvadó 等（2014）认为企业规模和企业年龄可能既会影响企业的绿色产品创新，也会影响企业的绿色企业形象，因此，他们将规模和年龄作为控制变量，但实证结果却显示这两者对企业创新和绩效都没有显著影响。

除此之外，企业经营性质也经常为学者们所考虑。Amore 和 Bennedsen（2016）将机构持股作为调节变量，探讨了股份制企业两种不同的经营性质，即低份额的机构持股和高份额的机构持股下企业治理对企业绿色创新的不同影响，其实证结果显示，较差的企业治理会对企业的绿色创新产生消极影响，而低份额的机构持股会让这种影响更加显著。Chakraborty 和 Chatterjee（2017）将企业经营性质划分为国内企业与国外企业，并探讨了国内外企业在创新支出和技术转移上的不同行为，结果显示两者的创新支出都是显著的，但是技术转移只有国内企业是显著的，而国外企业则不显著。Darnall 和 Edwards（2006）对美国三种所有制（上市公司、私人所有公司和国有性质的公司）的企业进行了研究，探讨了不同所有制对企业环保管理的影响，他们认为上市公司有更强的互补能力去进行环保管理，因此对环保管理体系和其他环保行为有更低的采纳成本。而政府所有和私人所有的企业相对来说能力较低，因此也需要付出更多的成本进行环保管理。

对中国学者而言，企业经营性质也是很多研究考虑的一个重要因素。因为中国企业的国有性质和私有性质会在众多方面造成企业的差异，因此更容易成为研究的重点，中国学者更多将企业经营性质按所有制进行划分，如国有和私有（吴延兵，2014）。Li 等（2017）针对中国 100 强企业进行了研究，将企业规模、企业经营性质和所属行业等作为控制变量。他们将企业分为国有企业和非国有企业，实证结果表明，企业所属行业对绿色创新有显著影响，而企业经营性质并不会对绿色创新产生显著影响。另外一些学者也将企业所属行业用作控制变量并研究了其对企业创新的影响（Banerjee 等，2003；Lin 等，2016）。

在测量方面，企业年龄通常是用企业存在的年数来进行测量（Horbach，2008；Cuerva 等，2014），也有学者将企业年龄根据企业发展阶段进行划分，如 Cai 等（2017）将运营 1~3 年的企业视为企业的起步阶段，4~8 年视为企业的增长阶段。而企业规模通常是以雇员人数进行测量，以雇员人数对企业规模进行测量一般分两种方式：一是对企业雇员人数求对数（Cheng 等，2014）；二是将企业雇员人数进行级别划分，即根据不同数量的员工数将企业划分为大、中、小型企业或不同人数规模的企业（伊晟和薛求知，2016）。

除了以上内部因素，现有研究中还揭示出其他驱动企业绿色创新的内部因素，包括公司治理、团队内协同、时间认知等。例如，学者们认为良好的公司治理也是企业绿色创新的推动因素之一。公司治理是企业通过内外部的正式或非正式制度来协调企业间的利益关系，从而确保公司决策的可行性和有效性，并维护各相关方利益。现有文献中，学者们认为公司治理与绿色创新之间呈现一种相互作用的关系。首先，对企业来说，好的管理和治理体系能带来好的环境绩效（Aggarwal 和 Dow，2012；Kock 等，2012），对管理者来说严格的公司治理能带来一定的压力从而促进创新。而治理较差的企业其创新中绿色专利的比例较小，无效的公司治理可能是环境效益的主要障碍（Amore 和 Bennedsen，2016）。其次，绿色创新也被视为公司治理的一种新模式，绿色创新推动了公司治理的发展（Sneirson，2009）。Amore 和 Bennedsen（2016）则从企业治理的角度证实了无效的企业内部治理是影响绿色创新和环保绩效的主要障碍。Liao（2016）则从一个较新的视角来探讨时间认知（temporal cognition）对企业绿色创新的影响，他的实证研究结果表明长期导向和多元性时间观作为时间认知的两个维度对企业绿色创新有不同的作用，其中长期导向既对产品绿色创新有积极作用，也积极促进了企业绿色流程创新，而多元性时间观只对绿色流程创新起显著积极作用，对绿色产品创新的作用则不显著。也有不少学者对内部技术的作用进行了探讨，Horbach（2008）认为企业内部研发能推动技术发展并进而引发绿色创新。Cai 和 Zhou（2014）认为可用的技术能提供创新的综合能力，成熟的技术刺激了企业的绿色创新，而明显的技术优势是绿色创新的重要内部驱动因素之一。

二、企业外部影响因素

为了应对不断变化的技术发展，缩短产品生命周期，同时也为了达到甚至超越日益为各界所重视的环保要求，企业必须增加对环保管理和绿色创新的投资，以提高其竞争力。这些外界压力推动了企业的绿色创新，除此之外，学者们也从更多方面探讨了企业绿色创新的外部驱动因素。总的来说，现有研究大致从以下几个方面进行了研究：监管要求与政府规制、市场需求与客户压力、技术推进与外部合作等。

（一）监管要求与政府规制

监管要求及来自政府的各种规制是学者们赋予最多关注的外部影响因素。著名的"波特假说"阐述了政府环境管制与绿色创新之间的关系，认为适当的环境监管可以促进企业绿色创新，形成竞争优势（Porter 和 Van der Linde，1995；Ambec 等，2013）。其中，Porter 和 Van der Linde（1995）分析了人们越来越关注对于环境的监管，但同时又不愿意接受关于环境保护的约束，是因为人们普遍认为环境法规的实施会削弱企业的竞争力。他们以荷兰的鲜花行业为例，认为鲜花种植与环境两者的关系可以使用一种闭环系统进行改善。他们认为人们关注于环境监管所带来的静止成本的影响而忽视了更重要的来自创新的收益，而创新实际上完全可以抵消由环境监管带来的投资和企业亏损并为企业创造更甚于以往的收益和竞争力提升，使企业和环境实现双赢。他们的研究颠覆了人们原来认为经济效益与环境保护两者不可兼得的看法，引发了后续系列的相关研究。众多的学者据此进行了研究，继续探讨监管与规制对企业绿色创新及企业竞争力的影响。Antonioli 等（2013）认为环境法规是企业绿色发展战略和创新的重要影响因素。Zhao 和 Sun（2016）对波特假说在中国的应用进行了实证研究，通过分析 2007 年至 2012 年中国污染企业面板数据，证实对中国企业来说，灵活的政策规制对企业绿色创新和环保实践有积极的推动作用，但对企业竞争力却没有促进作用。当然,也有学者对"波特假说"持怀疑和反对态度,认为环境政策不一定推动企业的绿色创新,也不一定会给企业带来正向收益,甚至有很多失败的案例(Tang 等,2020)。

"波特假说"也被进一步划分为狭义"波特假说"、弱"波特假说"和强"波特假说"(Jaffe 和 Palmer,1997)。在 Jaffe 和 Palmer(1997)的研究和分类中,狭义"波特假说"强调来自政府的灵活管制比传统的管制更能刺激企业的绿色创新,弱"波特假说"认为设计良好的环境管制政策也许能刺激企业的创新,但却无法证实其对企业究竟是好是坏,强"波特假说"则认为这种环境管制会给企业带来好处,即能提升企业的竞争力(Ambec 等,2013;余伟和陈强,2015)。Ramanathan 等(2018)的研究表明,若企业感知他们所面对的环保法规是柔性的,并且有更多的自由度去满足法规的要求,那么创新能力将显著影响企业财务绩效。反之,感觉面对非柔性法规的企业其创新能力对财务绩效的影响则不是那么有效。

除了基于"波特假说"强调政府监管的作用,众多学者也从其他方面探讨了监管要求与政府规制对企业绿色创新的作用。李巧华和唐明凤(2014)的研究强调了政策法规对企业绿色创新的推动作用。李怡娜和叶飞(2011)基于新制度主义研究了制度压力及绿色环保实践与企业绩效之间的关系。其实证结果表明,政府关于环保的强制性法律法规会积极促进企业绿色实践,而激励性的法律法规却没有起到显著作用。Chan 等(2016)基于权变理论探讨了国家环境法规(如废水排放和更清洁生产有关的法规)和国家资源节约和保护条例对企业绿色创新的影响,结果与"波特假说"一致,即环保压力能推动企业发展绿色创新并从中获利,从而抵消实施环境管理的成本,使公司更有竞争力。他们进一步证实了企业在动态环境下对绿色产品创新的追求可以更好地从成本效率和盈利能力两方面促进企业绩效。Hojnik 和 Ruzzier(2016)认为政府可以通过命令和控制手段(环保法规)以及经济激励手段(优惠补贴等)对企业绿色创新进行推动。

(二)市场需求与客户压力

除了政府法规的激励及强制影响,市场需求与客户压力对企业环保行为和绿色创新的影响也是学者们关注的一个重点。根据创新获利理论,绿色创新不仅涉及环保技术、产品和服务的开发，还包括它们的商业化，即在开发出新东西后能将其推向市场并能赚钱（Teece，1986；Hall 和 Clark，2003）。市场因素往往也与其他因素共同作用，如 Chen 等（2017）综合考虑了市场拉动、技术推动和环境监管对中国不同地区绿色创新的不同作用，其实证结果表明市场拉动是企业绿色创新的一个重要推动因素。Hojnik 和 Ruzzier（2016）综述了 155 项有关企业绿色创新的文献，认为法规和市场拉动因素明显主导其他因素，似乎成为企业绿色创新的最重要驱动因素。Horbach（2008）提到供应侧和需求侧的绿色创新决定性因素，其中，需求侧的市场需求（对清洁生产需求的社会关注、对环保产品的偏好等）的增加会积极促进企业的绿色创新（Triguero 等，2013；李旭，2015）。而当市场需求不稳定的时候，企业面临不确定的投资回报，因此特别担心财务风险，从而导致不采取创新举措（Roper 和 Tapinos，2016；Ociepa-Kubicka 和 Pachura，2017）。Sáez-Martínez 等（2016）分析了年轻企业前十年的创新战略和行为，结果发现绿色创新的发展具有路径依赖，对市场机会认可的"市场导向型的创新者"会更积极地参与绿色创新。

相比市场，来自客户的需求则更显具体和关键（Chiou 等，2011）。Kesidou 和 Demirel（2012）认为影响企业绿色创新的三个重要驱动因素是：需求因素、组织能力及严格的环境法规。Baldassarre 等（2017）基于利益相关者理论，认为包括客户在内的不同利益相关者是企业产品和服务创新的重要驱动因素。Bar（2015）通过实证研究表明为了响应客户需求变化所带来的组织柔性的改变有利于将绿色创新整合到企业的不同活动中去。Genis-Gruber 和 Öğüt（2014）则认为对于处于供应链中的企业来说，如果其客户的跨度（即拥有更多的客户）增加，企业的创新水平就会越来越高，从而进一步推动了企业的再次创新。特别是在改善环境绩效的产品创新和提高材料效率的流程创新方面，客户要求都是绿色创新的一个重要影响因素（Horbach 等，2012）。此外，客户环保导向也被认为积极地推动了企业的环保创新。彭雪蓉（2014）通过实证研究证实了客户环保导向对企业生态管理创新的积极显著作用，而在生态产品创新上，她认为当客户环保导向特别高的时候，会加大企业的各项投资和研发压力，因此企业可能更愿意观望而非创新，因此客户环保导向呈倒 U 形影响企业的生态产品创新。

相对于需求，客户压力更体现出客户的主动性，客户需求千变万化，但压力往往是来自于重要客户，对企业的影响作用也更显著。Huang 等（2016）认为现有文献很少关注客户压力对企业绿色创新及其绩效的影响，而其对绿色创新的研发投资起着重要的积极作用。在企业供应链中，由于客户的环保要求较高而使得企业不能满足客户需求时，客户也会进行一定投资以推动企业的绿色创新发展（Chan 等，2012；Caniëls 等，2013）。Hojnik 和 Ruzzier（2016）认为客户压力是企业采取绿色创新的重要激励因素，由于客户更愿意关注有着良好生态声誉的产品，因此会给予企业更友好的环保运作支持。同时，为了强化企业在客户眼中的形象，企业更愿意通过绿色战略和实际创新来提升自身的环保形象，并进而推动企业的竞争优势。随着供应网络的全球化，对中国企业来说，来自海外客户的压力对企业的绿色创新起着更加重要的作用（Li，2014）。

（三）技术推进与外部合作

一直以来，技术都被认为是创新的重要因素，技术推进对创新的重要作用也得到了众多学者的广泛研究。与环保有关的技术开发被认为是企业绿色实践的重要组成部分（Tseng 等，2012；Zhang 等，2020）。Bar（2015）以渔业加工业为例，证实了在加工设备的环保要求越来越高的情况下，技术迁移是企业绿色创新的重要推动因素。Horbach（2008）认为技术推动尤其是供给侧的技术推动是企业绿色创新的决定性因素，Triguero 等（2013）也持有同样观点。Sáez-Martínez 等（2016）认为企业的技术轨迹是生态创新的关键决定因素。Bergek 等（2014）则认为尽管监管手段可以强化创新和改进，但是彻底的环保创新还是需要技术手段的支持和新技术的彻底部署。Boons 等（2013）则认为组织层面的可持续创新需要的不仅是企业开发新技术的能力，还要考虑如何将这些新技术与企业内的其他功能（如营销和生产）联系起来，以获得一个有价值的价值主张。组织层面的研究往往没有明确提出影响创新能力的因素或帮助企业产生影响创新的机制。来自外部的技术发展更能推动企业采用更低消耗的新技术进行生产（例如更清洁的生产技术），尤其是来自竞争对手的新材料使用，新技术或新设备的突破性进展都能推动企业的创新（Cai 和 Zhou，2014）。随着先进节能环保技术的发展和广泛使用，行业的技术发展也成为企业创新的重要推动力（Yang 和 Yang，2015；Zhang 等，2020）。

对于企业创新来说，能否处于技术顶端或能否直接从市场获得所需新技术非常重要，而各种难以预料的风险使技术的获得并不容易。因此，来自技术的风险也会影响企业决策并进而影响企业的绿色创新（Roper 和 Tapinos，2016）。尽管不确定性阻碍了企业的创新，但学者们也强调成熟的技术和高的生产效率会刺激企业的创新（Wang 等，2017），对未来技术的投资更是企业绿色可持续发展的重要影响因素（Zhang 等，2020）。但是，也有学者认为技术推动的往往只是企业的传统创新，而非绿色创新（Cuerva 等，2014），只有与环保有关的技术发展才能有效推动企业的绿色创新（Ghisetti 和 Pontoni，2015）。

与传统创新不同的是，绿色创新需要不同的行动计划，这些计划包括公共资金、合作以及其他具体的支持措施（Souto 和 Rodriguez，2015）。因此，对处于供应链中的企业来说，除了来自外部的压力会推动企业的绿色创新，与外界的合作也会对企业的绿色创新和环保实践起重要作用，重视与外界合作的企业往往在各类环保有关的创新上更加积极（Triguero 等，2013）。众多学者都认为与环保有关的创新需要来自不同组织的合作（Hall 和 Clark，2003；Tamayo-Orbegozo 等，2017）。当企业与外部企业合作并形成更有效的外部网络时，它们更容易形成更加环保创新性的活动（Cai 和 Zhou，2014；马媛等，2016）。Sáez-Martínez 等（2016）的研究表明对市场机会的认可通过合作得到加强，从而也使得那些寻找机会并与其他市场参与者进行持续合作的企业更倾向于开发环保有关的绿色创新。尤其是年轻的小企业，在努力成为更环保的企业之前如果能与其他市场参与者共建合作网络并从中提高技术能力，将有助于它们通过创新来减少对环境的影响。Inigo 和 Albareda（2016）认为企业采用开放式的创新战略，与合作伙伴共同创新的可持续解决方案能推动企业在合作中进行创新。

目前对合作与绿色创新的影响进行研究的文献主要涉及以下几方面：一是强调企业与下游客户的合作对企业绿色创新的影响，由于客户在创新中的重要作用,与客户的合作也是目前文献中重点突出的外部合作。如 Bar(2015)的研究认为与客户的亲密合作增加了企业对设备的绿色创新。反之,也有学者探讨了绿色创新对客户合作的影响,Burki 和 Dahlstrom(2017)的实证研究表明绿色创新在高管承诺和客户合作之间起了中介作用。Lee 等(2014)认为很多制造企业已经通过采用绿色供应链管理提高了他们的环保管理实践,而与客户合作是企业绿色供应链管理实践中的重要部分,这些实践都有利于推动企业的创新。二是强调与上游供应商的合作对企业绿色创新的影响。随着理论界和实践界对供给侧的关注增加,供应商参与和合作对企业绿色创新的重要作用正在为学者和实践者们所重视。Huber(2008)通过德国公司的实证研究表明,与环保有关的技术创新通常发生在供应链的上游,而不是下游。因此,企业应主要与供应商而不是客户合作,以提高绿色创新能力和业绩。Lee 和 Kim(2011)通过对韩国的六家企业进行案例研究,结果表明与供应商的合作是影响制造企业产品绿色化的关键机会,与供应商的战略合作会通过技术整合刺激企业的绿色产品创新。由于上游的供应商在生态效益创新上投入了努力,从而降低了单位生产成本和产品的单位环境绩效,提高了产品对消费者的价值,因此对下游企业的绿色创新起到推动作用(Yenipazarli,2017)。三是对所有利益相关者的合作与企业绿色创新的关系研究。Cai 和 Zhou(2014)将供应商、竞争对手、客户与最终消费者、大学及科研机构、环保部门、媒体、地区居民都纳入到相关利益者中,他们的研究认为这些利益相关者都会因为其各自的获利期望和行为而对企业的绿色创新起到推动作用。Baldassarre 等(2017)认为与利益相关者的互动有助于对有价值的产品和服务的新想法进行概念化,并促进创新性解决。彭雪蓉(2014)研究了包括政府、客户和竞争者在内的利益相关者对企业生态创新的影响,其结果显示不同的利益相关者对企业生态创新有不一样的影响,但其中更多的是正向显著影响。

三、其他驱动因素

更细化的驱动因素除了以上所综述的外,还包括众多其他方面的影响因素,表 2-1 列出了各种影响因素及其代表性文献。

表 2-1　绿色创新的驱动因素及其代表性文献

影响因素		文献
外部影响因素	政府、法律法规	Porter 和 Van der Linde，1995；Antonioli 等，2013；Li，2014；Bergek 等，2014；Bar，2015；Zhao 和 Sun，2016；Bossle 等，2016；Chen 等，2017；Ramanathan 等，2017；李巧华和唐明凤，2014；余伟和陈强，2015；王永贵和李霞，2023
	市场及客户需求	Horbach 等，2012；Chan 等，2012；Caniëls 等，2013；Genis-Gruber 和 Öğüt，2014；Huang 等，2016；Hojnik 和 Ruzzier（2016）；Baldassarre 等，2017；彭雪蓉，2014；李旭，2015
	外部竞争与合作	Hall 和 Clark，2003；Lee 等，2014；Sáez-Martínez 等，2016；Tamayo-Orbegozo 等，2017；Burki 和 Dahlstrom，2017；Yenipazarli，2017；马媛等，2016
	利益相关者	彭雪蓉，2014；Cai 和 Zhou，2014；Baldassarre 等，2017；Li 等，2017；张玉明等，2021
	其他（行业特点、技术迁移等）	Bossle 等，2016；Caniëls 等，2013；Marin，2014；Cai 和 Zhou，2014；Yang 和 Yang，2015；Roper 和 Tapinos，2016；Wang 等，2017
内部影响因素	战略导向	Bossle 等，2016；Cheng 和 Shiu，2012；Ramanathan 等，2017；Santolaria 等，2015
	管理者作用（高管关注、承诺与支持等）	Daily 和 Huang，2001；Pujari，2006；Hambrick，2007；Gadenne 等，2009；Chiou 等，2011；Yen 和 Yen，2012；Fraj 等，2013；王向阳等，2011；彭雪蓉和魏江，2015；Burki 和 Dahlstrom，2017
	环保体系与环保认证	Rehfeld 等，2007；Wagner，2008；Qi 等，2010；Blind，2012；Amores-Salvadó 等，2015；Huang 等，2016；Singh 等，2016；黄进，2017；Severo 等，2017；黄进，2017
	经济因素（成本与盈利）	Boons 等，2013；Brunnermeier，2003；Hami 等，2015；Horbach 等，2012；Li 等，2017
	内部能力与资源优势	Chen 等，2006；Kesidou 和 Demirel，2012；Ghisetti 和 Rennings，2014；Cuerva 等，2014；Bar，2015；Li 等，2017；马媛等，2018；梁敏等，2022
	其他（组织基本特征等）	Darnall 和 Edwards，2006；Horbach，2008；Cuerva 等，2014；Amores-Salvadó 等，2014；吴延兵，2014；Amore 和 Bennedsen，2016；Chakraborty 和 Chatterjee，2017

四、相关讨论

通过对以上文献的阅读与整理，笔者发现，总体上来说，众多学者尽管研究背景和研究重点不尽相同，但学者们普遍认为绿色创新的发展和实现是非常重要的研究方向，因此得到了理论界和实践界越来越多的关注。研究尽管广泛而专注，笔者认为有些地方还值得进一步完善，总结如下：

第一，从企业内部影响因素来说，目前最多的关注点放在了企业的内部资源与能力，有研究指出这里的不足之处在于对高管作用的忽视（Colwell 和 Joshi，2013）。尽管管理者的作用也逐渐得到重视，但更多学者重视的是高管的支持与承诺对企业创新的影响，实际上，管理者为什么会选择绿色创新战略并给予支持和承诺，可能与高管的认知和关注有着重要关联，企业是否采用绿色创新战略很大程度上取决于管理者的关注与意图（Worthington 和 Patton，2005）。虽然也有部分学者强调管理者对环境的关注对于企业的绿色创新来说是最重要的驱动因素之一（Qi 等，2010；Hojnik 和 Ruzzier，2016），但是相关的研究还是相对缺乏（李巧华，2014；Hojnik 和 Ruzzier，2016）。同时，现有研究主要探讨了管理者对绿色创新的直接作用，很少考虑管理者能作为一个作用机制影响企业与外部合作及创新之间的关系。

第二，从企业外部影响因素来说，很多研究将重点放在了制度、市场和技术因素上，虽然在前面的综述中可以看到也有不少研究强调了与外界合作的重要作用（Vachon，2007；Lee 和 Kim，2011），但是他们并没有分别对不同的合作者进行实证分析。而现有的实证研究中，不是过分关注与上游供应商合作的作用（Huber，2008；Lee 和 Kim，2011；Yenipazarli，2017），就是重点关注与下游客户合作的作用（Lee 等，2014；Bar，2015；Burki 和 Dahlstrom，2017），缺乏同时考虑与供应商和客户进行环保合作对企业绿色创新的影响研究。实际上，单独对上游或下游的分析都不能系统化说明供应链环保合作对企业绿色创新的影响，只有将两者综合考虑才能使得研究更加完善。同时，国内对绿色创新的研究更多的是考虑企业内部因素的影响，研究结论多与传统创新的结论相似（马媛等，2016）。Zhu 等（2005）的实证研究表明中国企业与供应商和客户的绿色供应链实践合作并不多，而同时进行上下游环保合作创新的研究更不多见。同时，本书认为与发达国家相比，我国企业的运作环境和环境规制还不健全，单靠企业内部因素的影响并不能从整体上把握企业绿色创新的动机，对于深处供应链中的企业而言，同时考虑上下游的环保合作对企业创新行为的影响将是非常重要的。

第三，在对文献的整理中，发现很少有研究关注企业间人际关系对绿色创新的作用。尽管学者们强调建立更密切的外部关系网络对于企业的绿色创新是重要的（Cainelli 等，2015），与其他企业的合作关系范式也是企业绿色供应链管理的驱动因素（Caniëls 等，2013）。同时，与利益相关方的伙伴关系将影响企业技术和非技术层面的变革（Freire，2016）。但是，却很少有文献探讨企业间关系，对中国企业来说，尤其是企业间人际关系对绿色创新的作用。虽然在传统创新的文献中，关系对合作与创新的影响被广泛研究，但绿色创新由于其具有区别于传统创新的双重外部性，因此企业间关系可能会对绿色创新带来不一样的影响。

第二节 绿色创新与企业绩效及竞争优势

绿色创新体现了企业对社会环境责任的承担，也为企业带来更多的结果表现。在前面所提到的绿色创新的驱动因素分析中，提到了 Jaffe 和 Palmer（1997）根据环境管制对企业绩效的作用不同将"波特假说"区分为弱"波特假说"和强"波特假说"。弱"波特假说"认为政府的环境管制也许能刺激企业的创新，但却无法证实其对企业绩效的影响，而强"波特假说"则认为这种环境管制会给企业带来好处，能提升企业的竞争力（Ambec 等，2013；余伟和陈强，2015）。与此相关，其他众多学者也通过实证对绿色创新与企业绩效和竞争优势以及其他后果变量之间的关系进行了探讨。因此，本部分旨在通过对绿色创新研究文献的综述，归纳和总结企业绿色创新的后果及其中的作用机制。将重点从三个方面进行综述：一是绿色创新与企业绩效的关系；二是绿色创新与企业竞争优势的关系；三是绿色创新对企业其他后果变量的影响。

一、绿色创新与企业绩效

与传统创新一般，绿色创新也是一种创新方式，因此学者们也强调了其对企业的运营及经济绩效的影响。Chan 等（2016）探讨了绿色产品创新对企业绩效的影响，他们认为绿色为企业带来的不仅仅是成本效率，还有盈利能力，而即使是在动态的环境下，对绿色产品创新的追求也可以更好地从成本效率和盈利能力两方面促进企业绩效。Hami 等（2015）对马来西亚的 150 家制造商进行了实证研究，其结果显示可持续的产品创新和流程创新对企业的经济绩效和经济可持续性有显著影响。Long 等（2017）对中国的韩资企业进行了研究，结果发现，企业的环保创新行为（包括绿色形象、产品设计、原材料和产品流程的创新）会积极影响企业的经济绩效。Amores-Salvadó 等（2014，2015）的研究都发现环保产品创新和绿色企业形象能帮助企业在各项经济指标上获得满意的成绩，并获得更多的市场份额和销售增长，即绿色创新显著积极地影响了企业的经济绩效和市场绩效。Zhu 等（2012）从绿色供应链管理的视角，探讨了三种不同类型的工业制造商（早期采用者，追随者和落后者）的绿色实践（包括供应链环保支持、绿色产品设计、绿色流程再造等）与企业绩效之间的关系，结果表明，绿色实践的先行者（即早期采用者）所获得的企业绩效要比后进者的高，而滞后使用者所获得的企业绩效是最差的，但是不管先后，他们的绿色实践都积极地影响了企业的运作绩效、经济绩效和环境绩效。

相对于主动环保战略驱动的绿色创新为企业带来好的经济效益，被动环保战略驱动的绿色创新却可能负向影响企业的经济效益。Zhu 等（2005）的实证研究并不支持中国企业的绿色供应链管理实践会对企业的经济绩效起促进作用的结论，他们认为原因可能在于管理者只是被动地接受环保要求并进行消极反应，他们并没有感知到环保带来的收益。Santolaria 等（2015）在研究中要求企业选择不同的环保态度，包括积极主动的、反应式的、无动于衷的和消极的。在反应式和无动于衷的情况下，企业都是被动地进行绿色创新和生态设计，因此会对企业的经济绩效带来威胁。

由于绿色创新是企业环保管理的具体体现，因此在进行其结果研究时，除了传统的经济绩效和市场绩效，学者们也会考虑企业绿色创新及环保行为对环境带来的影响。Long 等（2017）的研究认为企业的环保创新行为（包括绿色形象、产品设计、原材料和产品流程的创新）会积极影响企业的经济绩效，但这些行为对环境绩效的影响要更大。Burki 和 Dahlstrom（2017）的实证研究表明绿色创新促进了商业合作伙伴减轻对环境带来的外部消极影响，对内而言，绿色管理创新又能给企业内部更强的指导作用，以帮助企业减少碳足迹。

Bocken 等（2014）通过对生态创新前端（生态创新过程的最初阶段）的研究，得出结论：生态创新可以提供更具价格竞争力的产品和更好环境绩效的技术。他们认为相比于后续的改进，生态创新的前端过程被认为是最重要的阶段，因为一旦产品规格已经确定，对产品的可持续性只能有最小的更改。因此，在产品设计的早期阶段整合环保的观点可以最小化环境影响。与 Bocken 等的研究不同的是，Dong 等（2014）研究了末端绿色创新对企业绩效的影响，他们的研究表明，除了组织创新和产品创新，末端创新对企业环境绩效会产生更加直接的影响，因为末端创新往往是被动地受制于环境法规的要求及执行力度，因此其带来的环境绩效更加直接和显性。

除了具体的创新行为，环境战略对企业环境绩效也起到显著的促进作用。有学者认为，虽然在某些情况下，具体的创新行为会帮助企业改变现状，但为了提升绩效，具有绿色创新战略的明确目标对企业来说更是重要，它指导了企业的绿色创新行为并为企业带来众多长远好处（Bossle 等，2016；Journeault 等，2016）。Yu 等（2017）通过对 121 家英国制造企业的实证研究，探讨了外部环境压力（环境监管和利益相关方的压力）、绿色创新战略与企业绩效之间的关系，他们的结果表明，绿色创新战略对企业环境绩效有显著直接作用，同时，也对外部压力与企业绩效之间的关系起到了完全中介的作用。Journeault 等（2016）认为企业具备的竞争型环保战略意图（生态效率意图和生态品牌意图）能转化为企业的绿色生态生产实践并提升企业环境绩效指标的完成。

由于绿色创新与企业社会责任息息相关，企业创新行为所影响的不仅仅是其本身，也包括对供应链网上的所有合作伙伴和最终用户以及整个社会（Padilla-Lozano 和 Collazzo，2022）。因此，学者们除了研究其对企业经济绩效和环境绩效的影响，也将社会绩效作为了一个重要的结果变量。Dias-Sardinha 和 Reijnders（2010）通过对葡萄牙13个大型企业的调研，认为社会绩效应该与环境绩效并行，两者都是企业可持续绩效的体现。Ranganathan（1999）认为社会绩效、经济绩效和环境绩效互相关联，三种绩效的同时实现帮助了企业的可持续发展，如图 2-1 所示。同时，该研究识别了社会绩效的四个维度，即就业、社区关系、有道德的采购和产品的社会影响。研究认为生态公正、商业伦理都能体现出一个企业的社会绩效，而绿色创新和绿色制造能通过减少污染和浪费提升企业社会绩效（Sezen 和 Çankaya，2013）。万骁乐等（2022）认为绿色供应链上的制造商可以通过绿色创新来减少环境风险，降低碳排放量，从而产生对社会的积极影响。Kraus 等（2020）认为企业的社会绩效来自其所做的对社会责任起着促进作用的各种行为，而且企业所做的对环境负责任的行为都能增加企业的社会绩效。

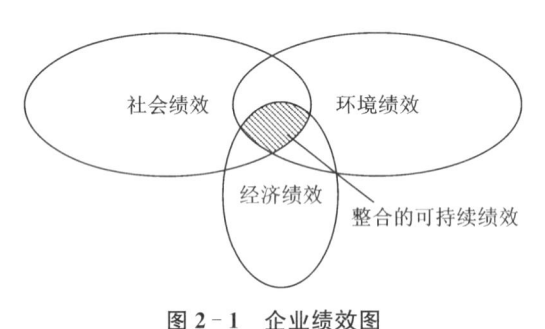

图 2-1　企业绩效图

资料来源：Ranganathan（1999）。

二、绿色创新与企业竞争优势

绩效往往体现了企业短期的运作效率和影响力，而竞争优势是企业长期竞争力形成的基础和前提条件。为了探讨绿色创新行为对企业长期竞争力的影响，很多学者也将企业竞争优势作为绿色创新的结果变量进行了研究。

在创新与竞争优势的关系上，竞争优势理论认为持续创新是持续竞争优势的内在动力（应瑛等，2022）。Porter 和 Van der Linde（1995）认为在全球竞争的环境下，抵制创新将会带来企业竞争力的丧失。全球化可以让企业获得来自任何地方的低成本输入，因此最有竞争力的往往不是那些能够以最低成本获得输入资源的国家和企业，而是那些在输入中使用到最先进的技术和方法的国家和企业。因为技术不断改变，全球竞争力的新范式要求快速创新的能力。同时，他们认为，竞争力与环境的关系非常重要，对环境问题的处理和应对是企业乃至国家整体竞争力的一个主要指标。而环境带来的商机和优势只有那些成功创新的公司才能获得。

Dong 等（2014）研究了不同类型的绿色创新（末端创新、组织创新、工艺创新和产品创新）对企业绩效和竞争优势的影响。结果发现，末端创新由于是被动地满足政府环保规制的要求，以达标为目标，投入较高的控制成本而没有后续的发展优势，因此会妨碍企业竞争力。而工艺、产品和管理创新多是企业在积极主动响应市场需求的基础上，重视企业社会责任，抓住机遇，为提高资源效率和实现企业长期愿景而进行的创新，因此在促进环境绩效的同时会积极促进企业竞争优势。

Chan 等（2016）认为绿色创新可以帮助企业获利，抵消实施环境管理的成本，提升企业竞争优势，而当企业面对不良竞争时，企业必须通过创新来获得先行者优势以提高其竞争力（Cai 等，2017）。具体来说，众多学者认为，通过绿色创新，企业相比竞争者在企业形象、成本效益、需求聚焦、市场反应速度等方面都更占优势（Chen 等，2006；Chen，2008；Chiou 等，2011；Küçükoğlu 和 Pınar，2015；Hojnik 和 Ruzzier，2016；Liao，2016）。

三、绿色创新对企业其他后果变量的影响

除了将企业绩效（经济、环境和社会绩效）和竞争优势作为绿色创新的结果变量进行研究，在现有的实证研究中，学者们还将不同变量作为绿色创新的结果变量，包括竞争能力、可持续发展绩效、供应链实践、供应链绩效等。Ar（2012）关注竞争环境下企业的绿色创新，该研究除了将企业绩效作为结果变量，也探讨了绿色创新对企业竞争能力的影响，该研究认为在竞争环境下，企业进行的绿色创新会显著积极地影响企业的竞争能力。Burki 和 Dahlstrom（2017）从供应链的角度探讨了企业绿色流程创新

和管理创新对客户合作的影响,他们认为绿色流程创新和管理创新推动了与客户进行可持续实践的合作,促进了商业合作伙伴——客户——减轻对环境带来的外部消极影响。在绿色产品的开发过程中,与供应链伙伴有密切联系的企业会受益于合作伙伴向企业溢出的知识和技术,从而提高企业的可持续发展绩效(Roscoe等,2016)。

本章小结

本章通过文献综述的方式,总结了企业绿色创新的驱动因素及结果变量。

通过对现有文献尤其是实证文献的阅读与分析,笔者发现绿色创新的结果变量包括企业短期经济、运作与市场绩效(资产收益率的提升、市场份额的增长、运作效率的提升等),也包括企业长期发展必需的竞争优势和竞争能力(持续性竞争优势、对竞争行为的有效应对等),还包括对社会可持续的影响(污染和浪费的减少等)。学者们的研究表明绿色创新对企业的短期和长期发展都非常重要。具体来说,现有绿色创新与其后果变量的关系主要涉及两个方面:一是绿色创新直接影响后果变量;二是绿色创新通过不同变量的中介和调节机制影响后果变量。

大多数的研究强调了绿色创新对企业绩效、竞争优势等后果变量的重要推动作用(Santolaria等,2015;Amores-Salvadó等,2015;Chan等,2016;Dahlstrom,2017)。随着研究的深入,探讨绿色创新与企业绩效等后果变量之间的作用机制也成为众多学者关注的重点。Amores-Salvadó等(2014)将企业绿色形象作为环保产品创新和企业绩效之间的调节变量,认为在绿色创新对企业绩效的提升中,有效管理企业的绿色形象非常重要。现有研究表明,绿色创新的不同维度会相互作用并影响企业绩效,Cheng等(2014)重点研究了生态创新的不同维度对企业绩效的影响,其中,流程和产品创新不仅对企业绩效有直接作用。此外,资源承诺(Li,2014)、企业规模(Severo等,2017)、管理者对环境的关注(Ar,2012)等在文献中也被认为能影响绿色创新与企业绩效之间的关系。

总的来说，与国外相比，国内学者对绿色创新的实证研究还相对较少（李广培和苏媛，2016）。在绿色创新结果变量的研究上，众多研究关注的是绿色创新本身及一些其他变量对结果变量的影响，却甚少考虑结果变量之间的相互作用。也就是说，尽管现有研究表明企业长期竞争优势可以直接通过绿色创新得到促进与提升，但行为与长期结果之间的关系是否会受到其他机制和结果变量的影响，该方面的研究并不多见。因此，本书将在现有文献的基础上，探讨绿色创新与两个结果变量——环境绩效和竞争优势——之间的关系，以及企业的环境绩效在绿色创新行为与长期的竞争优势之间的作用。

第三章
概念模型与研究假设

本章首先基于前期企业调研和访谈选择本书的研究变量。其次，结合社会网络理论、资源基础观理论、生态现代化理论、高阶管理理论和权变理论等探究供应链中企业绿色创新与其前因变量和后果变量之间的关系，并在此基础上提出本书的概念模型。最后，将对概念模型中涉及的变量之间的关系进行充分的论述并提出相应的研究假设。

第一节 研究变量的选择与理论模型构建

随着经济快速增长及其带来的资源消耗与环境影响，社会对环保的呼吁不断加强，绿色创新逐渐成为企业可持续发展的重要途径，因此也引起了理论界的广泛关注。尽管学者们已经重视并从很多方面对企业的绿色创新进行了研究，但在对现有文献进行归纳和总结后，笔者也发现还有不少地方值得进一步关注和研究。本部分将在现有文献的基础上，提出本书对变量的选择和研究的理论模型。

一、绿色创新的驱动因素

在第二章中，笔者对企业绿色创新的内外部驱动因素进行了全面的总结与分析。总的来说，有可能导致企业实施绿色创新的内部因素主要包括企业战略导向、管理者作用、环保体系、内部能力与资源优势等，而外部因素主要包括政治制度与法律法规、市场及客户需求、外部竞争与合作、利益相关者压力等（详见第二章表 2-1）。

笔者的分析指出在内部因素的研究中，学者们将更多重点放在了企业的内部资源与能力及企业战略导向上，而对战略行为和企业能力变化的重要作用力——管理者的作用——却不够重视（Colwell 和 Joshi，2013），尤其是管理者对环境的关注更容易被忽视。在第一章概念界定中，笔者提到本书中"管理者对环境的关注"指的是企业的管理者对自然环境重要性的认知及其表现出的对环境保护的积极或消极的态度。管理者的这种认知和态度形成了企业环保行为实践和战略导向的基础。目前的研究中，已经有学者注意到了管理者对环境的关注对企业的重要作用（Worthington 和 Patton，2005；Qi 等，2010；Hojnik 和 Ruzzier，2016），但是相关研究还很缺乏，尤其对于中国企业的实证研究更是如此（李巧华，2014）。因此，本书将管理者对环境的关注（managerial environmental concern）作为企业内部驱动绿色创新的重要因素，旨在探讨其在企业绿色创新中的直接和间接作用。

在对企业外部因素进行分析的基础上，笔者发现众多学者将法规制度作为首要的研究因素，但随着中国相关环保法律法规的完善和执法力度的加强（如中央生态环境保护督察工作在全国各省市地方的开展），中国企业所面临的政府环保工作越来越制度化、规范化和专业化，因此制度的影响对企业来说毋庸置疑。而随着国家对供应链的重视，供应链上的绿色创新逐渐成为研究热点（万骁乐等，2022）。因此，本书从供应链的角度来考虑企业绿色创新的外部驱动因素，认为上下游的环保合作将对企业的绿色创新起到重要的推动作用。在第二章的文献综述中，可以看到，尽管很多学者重视与外界合作的作用，但是他们的研究要不就是过分关注上游供应商的影响（Lee 和 Kim，2011；Yenipazarli，2017），要不就是过分重视下游客户的作用（Bar，2015；Burki 和 Dahlstrom，2017），而缺乏将两者的作用系统地进行探讨。同时，国内对绿色创新驱动因素的研究更关注企业内部因素，而对外部供应链企业间的环保合作的作用关注甚少。因此，本书认为对于深处供应链中的企业来说，单从内部因素来考虑企业绿色创新的动机远远不够，同时考虑上下游的环保合作对企业绿色创新的影响非常必要。国务院办公厅 2017 年 10 月 13 日印发的首个供应链政策《关于积极推进供应链创新与应用的指导意见》也使得本书的研究更具实践意义。而从研究前期对企业的调研中，笔者也发现企业在实际操作中非常关注与上下游的合作，并且这种合作也积极地推动了企业的绿色创新。例如笔者所调研的佛山企业 A，作为一家产品远销海外的民营企业，特别关注与供应商和客户的环保合作，尤其是通过与海外那些对环保要求极高的客户的合作帮助该企业进行了系列陶瓷洗浴产品的绿色创新，实现了污染排放的降低和产品认可度的上升，这也对该企业海外市场的开拓起了非常重要的作用。因此，供应链环保合作对企业的绿色创新来说是一个非常重要的推动因素，来自企业的实践也有力地支持了笔者选择供应链环保合作作为研究的一个重要变量。

此外，既然考虑到企业所处的供应链环境，作为内外部衔接的企业间关系也是一个非常重要的因素，对于中国企业而言，组织间关系除了正式的契约关系外，更容易影响企业间合作的可能是人际关系。如本书第二章中所述，尽管关系的研究在现有文献中得到了足够的重视，但是由于绿色创新的双重外部性及其可能为企业和管理者带来的绿色形象和良好声誉，企业间的关系对供应链环保合作行为与企业绿色创新之间的关系的作用可能更加重要。因此，本书的研究中也将企业间人际关系作为一个重要变量引入过来。同时考虑人际关系对企业绿色创新的直接作用，以及它在供应链环保合作行为与企业绿色创新之间的调节作用。

二、绿色创新的后果变量

对于企业来说，实施绿色创新的结果一是希望获得良好的经济回报，二是希望为长期可持续发展提供优势。因此，现有研究中主要的后果变量包括企业绩效、竞争优势、能力发展、供应链绩效等，详见第二章第二节。其中，企业绩效主要指对企业有短期影响的经济绩效、运作绩效、市场绩效、环境绩效和长期影响的社会绩效等，而竞争优势和竞争能力则是考虑企业长期发展的后果变量。

在对企业的访谈与调研中，发现对于企业来说，绿色创新为企业带来的最直观的绩效影响可能是基于政府所要求的减少环境影响的考量，即这些创新行为是否能减少原材料和能源的使用，是否能减少污染物的排放等。因此，本书选择环境绩效作为其中的一个主要结果变量。但是，对于企业来说，长远的发展更重要，因此获得长期竞争优势应该是企业进行绿色创新所期望获得的结果。例如，笔者调研的佛山陶瓷企业 A 在污染排放可控的情况下，提前进行生产流程中从使用重油到使用天然气的绿色创新，从而相较于同行企业来说，提前几年积累了获取长期竞争优势的实力，为后续的转型发展提供了坚实的基础。因此，基于来自企业的调研，本书也选择了竞争优势作为另一个重要的结果变量。

与国外研究相比，国内学者对绿色创新的实证研究还相对较少（李广培和苏媛，2016）。在绿色创新的结果变量的选择和研究上，学者们关注更多的是绿色创新行为对结果变量的直接作用，而很少考虑结果变量之间的作用。实际上，作为企业短期绩效之一的环境绩效有可能会对长期竞争优势起作用，也有可能会影响绿色创新行为与企业长期竞争优势之间的关系。因此，本书将在现有文献的基础上，选择两个绿色创新的结果变量——环境绩效和竞争优势，并探讨他们之间的关系。

三、其他变量的选择

由于社会的快速变化，企业总是处于不确定的环境下，因此本书将环境的不确定性纳入研究框架中。对绿色创新及其对企业的影响来说，他们之间的关系可能会受到两方面不确定性环境的影响：一是市场的不确定性；二是技术的不确定性。如前所述，市场需求是企业绿色创新的一个重要影响因素，尽管前因变量中并没有选择市场因素，但由于市场变化很可能导致企业的绿色创新成果的市场化受阻从而影响企业绩效，因此将其作为绿色创新与后果变量之间的调节变量进行研究。同样，由于绿色创新涉及技术创新，相关技术的发展与变化对企业的绿色创新及其后果变量之间的关系可能会产生影响，因此，本书也将技术的不确定性作为调节变量纳入到研究框架中。

四、总概念模型

根据上述对前因变量和结果变量的选择描述，本书总的概念模型如图

3-1 所示。

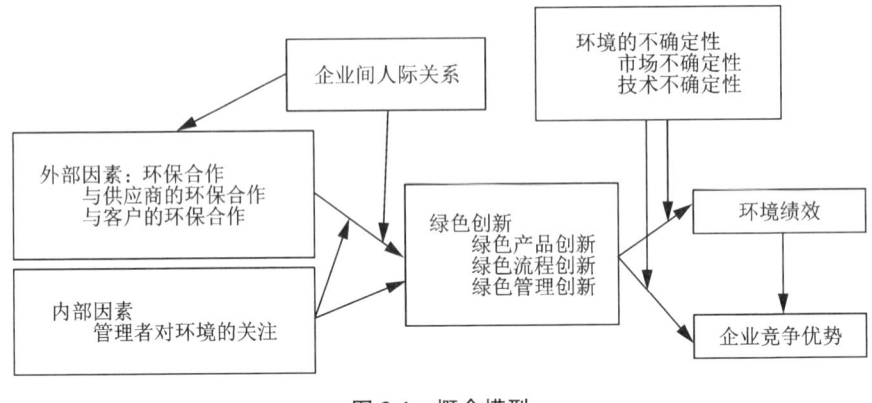

图 3-1 概念模型

第二节 研究假设的提出

基于上述的变量选择，为了梳理和证实变量之间的关系，本部分将从理论上阐述各变量之间的关系，并提出相关假设。

一、供应链环保合作与绿色创新之间的关系

合作是供应链中企业形成长期伙伴关系的基础，从"cooperation""coordination"到"collaboration"的概念演化，使得合作越来越强调企业间计划和行动的一致性以及知识和资源的整合度（Spekman 等，2013）。供应链合作被定义为供应链中的所有合作伙伴能无缝整合成一个有着普遍可实现目标的虚拟网络，并为实现共同目标而努力。合作的三个因素包括：联合决策、信息共享和利益分享（Simatupang 和 Sridharan，2005；Ha 等，2011）。参与者具备共同可实现的目标或相似的价值观，企业之间共享技术或其他信息，联合制订计划，成了真正利益相关的长期合作伙伴。企业通过供应链合作可以获得众多好处，如提高灵活性、提高客户满意度和忠诚度、降低资源搜索成本、提高企业服务水平等（Kumar 和 Nath Banerjee，

2014；Gunasekaran 等，2015）。尽管对于某些行业来说，会有一些障碍影响公司之间的合作，但合作已经不再只是一个选择，而是成了一种必须（Matopoulos 等，2007；万骁乐等，2022）。

"供应链环保合作"指的是企业与供应链上下游合作伙伴在环保问题上进行的共同决策和计划，为解决环境问题和实现双方环保目标而进行的信息分享与共同的环保实践活动，目的旨在实现 win-win 的利益共享。资源基础观认为，企业所能掌控的资源可以为企业带来先入者优势，而在供应链环境下，企业所能掌控的资源不再仅仅局限于其自身所拥有的资源，那些通过合作从其他伙伴处所获得的资源也能被企业所利用并创造价值（Lai 等，2010）。不管是与上游供应商还是与下游客户的环保合作，都要求企业超越组织边界去考虑供应商和客户的能力和资源如何为自己所用。双方基于环保目标的联合计划可以减少和克服产品创新过程中出现的各类问题，而共同的利益分享激励了企业与其合作伙伴之间共同为满足市场而努力。因此，一致的目标、坦诚的沟通、资源、风险和收益的分享都能使企业获得更多可用性资源，并为企业带来来自供应链伙伴的技能和专业知识，从而形成创新能力（Matopoulos 等，2007；Wong 等，2020），推动企业的绿色创新。笔者在前期对多个企业的调研都发现，尽管企业设立有独立的研发中心，但是也有很多环保类的创新是来自合作伙伴的支持和帮助，尤其是国外合作方的支持和推动。

现有理论研究也表明，供应链环保合作会对企业的绿色创新和环保实践起到重要作用，重视与外界合作的企业往往在各类环保有关的创新上更加积极（Triguero 等，2013）。具体来说，绿色创新需要来自外部的输入性资源，而环保合作可以给企业提供外部合法的可持续技术（Niesten 等，2017）。随着对环保合作的关注增加，企业开始有选择地将供应商纳入到其绿色产品创新中（Pujari 等，2003）。在供应链网中，供应商处于上游，因此掌握众多的输入性资源，其对环保技术的投入直接体现在提供给制造商的设备、材料和半成品上，更具环保性能的上游输入显然可以直接促进制造商的绿色产品和流程创新（Lee 和 Kim，2011）。例如，在开发层面，与供应商的环保合作包括在设计阶段供应商提出的具体想法，分担零部件开发的环保责任，对某些特定部件或系统的专业设计等（Handfield 等，

2005）。在与供应商的合作中，绿色属性被合并到设计规范的产品中，因而促进了绿色产品和流程的创新（Lee 和 Kim，2011；Gavronski 等，2011）。而从管理的角度来看，与来自上游供应商的环保合作使企业获得更多的绿色创新技术和先进的生产设备，从而有利于企业积极开展各项绿色创新活动，并支持企业采用新的环境管理方法（Chan 等，2012）。

笔者前期的调研发现，多个企业都与供应商有着密切的环保合作关系，从而推动了企业的绿色创新。例如，陶瓷企业 A 的热流系统就是在供应商的建议下进行创新的，除此之外，供应商还会帮助企业 A 完成热流系统的改善，进行免费安装，后期双方共享环保收益。陶瓷企业 C 与其供应商机电企业 D 共同进行流程和设备创新，利用新技术研发超薄瓷砖，并共同开发用于生产超薄型瓷砖所需的干烧设备和其他节能环保设备。

因此，与供应链上游的环保合作对企业的绿色创新有重要的推动作用，提出如下假设：

H1：与供应商的环保合作对企业绿色创新有积极促进作用。

具体来说，与供应商的环保合作对企业绿色创新不同维度的影响如下子假设所示。

H1-1：与供应商的环保合作对企业绿色产品创新有积极促进作用。

H1-2：与供应商的环保合作对企业绿色流程创新有积极促进作用。

H1-3：与供应商的环保合作对企业绿色管理创新有积极促进作用。

环保合作可以为企业带来更广泛的市场，与客户的合作主要包括环保经验与知识的分享、环保技术的合作（如绿色包装技术）、回收处理合作、绿色产品市场开发和拓展合作以及其他可持续实践的合作等（Azevedo 等，2011；Burki 和 Dahlstrom，2017）。在产品设计和生产阶段，与客户的环保合作可以最大限度满足客户对产品绿色属性的需求，从而减少生产和返工成本。在绿色产品的市场化阶段，与客户合作能降低运输成本，同时，能帮助企业应对市场竞争，更早获知竞争者动态并更快占领市场（Azevedo 等，2011；Chan 等，2012；Ar，2012）。此外，生产者和客户之间通过合作所形成的承诺和信任等关系也是激发绿色创新及管理举措的有效途径（Bar，2015）。尽管客户主要是提供市场和需求的信息，但在某些时候，由于客户本身也处于更大的供应链网络中，因此，他们也能获得来自不同供应商的知识和信息（从供应商的角度来看也是如此，这也是供应链的魅力所在）。与客户的合作也会为企业带来解决创新过程中各类问题的灵感和具体的解决方式。例如，前期调研的佛山陶瓷企业 A 就介绍了客户对他们创新上的帮助与支持，在他们与北美客户合作时，客户给他们介绍了一个优秀的供应商，该供应商生产一种优秀的空气测漏仪，这种仪器极好地解决了企业 A 在创新过程中所出现的问题，同时也将后期可能产生的质量问题给杜绝了。企业 A 也提到，在与客户合作的过程中，客户会提出一些关于环保方面的创新的思维，尽管究竟如何做客户并不知道，但是制造企业本身清楚工艺流程，再结合合作方的知识和思维，实现了更多的创新，并且最后出来的创新产品效果都非常不错。同时，在与客户的合作过程中，企业 A 也发现本身很多内部管理不到位的地方，在客户的整改要求下，客户的很多先进的管理思路和方式都深入到了企业 A 的管理理念和创新中。

因此，与供应链下游的环保合作对企业的绿色创新有重要的推动作用，提出如下假设：

H2：与客户的环保合作对企业绿色创新有积极促进作用。

具体来说，与客户环保合作对企业绿色创新不同维度的影响如下子假设所示。

H2-1：与客户的环保合作对企业绿色产品创新有积极促进作用。

H2-2：与客户的环保合作对企业绿色流程创新有积极促进作用。

H2-3：与客户的环保合作对企业绿色管理创新有积极促进作用。

合作是供应链上企业之间的一种互动，这种互动会受到双方关系的影响（Cheng 等，2010；Cao 和 Zhang，2011；Skippari 等，2017）。根据关系理论，企业之间若具备良好的关系，将减少他们之间的契约交易成本，并简化运作程序，同时也有利于加强信息和资源的交换与转移（Wong，2010；Shou 等，2014）。尤其是企业之间的人际关系，被认为是中国企业正式关系（即契约）的一种补充，能促进企业间互惠行为的发生，在企业之间的合作中起者重要作用（Xin 和 Pearce，1996；唐炎钊和王容宽，2013）。良好和默契的人际关系使得企业在合作过程中不需要针对每一个细节进行反复交流，因此有利于企业之间的合作（罗珉和徐宏玲，2007）。

根据中国式关系理论，企业间的人际关系同样受到"人情"的影响。

两个不同企业的管理者在相互交往过程中经过不断妥协和折中取得关于某些问题的共同看法和结论，这种妥协和折中往往是基于双方融洽、良好的关系的。从资源基础观的视角来看，关系是供应链企业间达成协议的重要资源，关系能够影响供应商和客户开发与合作，会影响企业的购买决策（Lee 和 Humphreys，2007）。Tang（1998）对中国企业的研究发现，关系对企业来说是稀有的，它能有效治理企业间的多元动态关系（Liu 等，2009）。同时，关系具备的高价值性和难以复制的特性也使其成为企业形成竞争优势的重要资源。尤其是企业高管之间通过正式和非正式联系所形成的良好关系更为双方之间的合作排除了障碍。关系可以防范不确定性的发生，当问题出现时，良好的人际关系又能够帮助企业更好地解决问题（Fan，2002）。关系帮助企业之间进行有效交流，并形成双方的信任和依赖，从而推动了企业间的合作（Cheng 和 Shiu，2012）。Luo 等（2014）认为中国社会中由人际联系带来的关系克服了交易成本方法和基于竞争分析的方法在对制度理解和实施上的局限性，反映了中国文化的持久性，这种组织间人际良好关系推动了信任的产生，从而使得企业双方愿意为了共同的利益而进行合作。在绿色供应链实践中，关系带来的良好沟通可以帮助企业规避环保风险，从而有利于企业之间的环保知识和经验的共享，促进了企业间的合作（Cheng，2011）。例如，当企业的采购人员或销售人员在与供应商和客户的交互中形成了良好的人际关系时，双方更愿意共享在清洁生产、绿色包装以及回收处理等方面的经验和知识，合作中有关共同环境责任的条款也更容易落实。

因此，提出如下假设：

H3：企业间人际关系对供应链环保合作起积极促进作用。

具体来说，该假设的子假设如下：

H3-1：企业间人际关系对供应商环保合作起积极促进作用。

H3-2：企业间人际关系对客户环保合作起积极促进作用。

在组织关系与组织行为的研究中，关系不仅仅可以直接影响企业行为，也可能作为行为与结果之间的作用机制而起作用（Cheng，2011；Luo 等，2014）。本书认为在企业间人际关系较好的情况下，供应链环保合作对企业绿色创新的作用将得到促进，原因如下：

首先,在中国环境下的组织中,尤其对缺乏制度规制的组织关系中,人际关系对合作行为的激励和制裁都非常重要,这种"非正式的、不成文的互惠、公平、信任、忍耐"的关系使得合作伙伴更愿意共同面对风险(Dunning 和 Kim,2007;Kanzler,2010;Cheng,2011)。

其次,社会网络理论认为处于两个不同经济体的个体由于嵌入到不同的社会网络中,因此拥有异质资源,而这种异质资源往往是双方所互相需要的(秦志华和刘传友,2011)。当两个企业间的人际关系,尤其是管理者之间经常互动并且非常熟悉时,他们在情感上会更容易接受对方,也更信任对方,并愿意为对方提供异质资源。从而当两个企业合作中出现问题时,往往不会相互推诿,而会提出相对有效的建议,例如基于自己的专业知识和经验能力,提供一些技巧性的隐性知识(Balliet 和 Van Lange,2013)。相反,若两个企业间的管理者除了工作往来没有任何互动,当出现问题时,他们并不会出于"熟人"的角度提供更多工作职责外的建议。因此,当两个企业间的人际关系越好时,越有利于合作双方进行知识共享和问题解决,管理上的沟通和解决措施也更容易落实,从而更有利于企业创新。

此外,尽管有学者认为在中国的商业环境下,人际关系是一种"道德困境",拉关系被认为是腐败和行贿受贿的代名词,但无论如何,大多数情况下,缺乏关系意味着缺乏内部信息、稀缺资源及来自合作伙伴处的额外支持(Su and Littlefield,2001)。例如在与供应商的合作中,良好的私人关系可以帮助企业获得更加优质的资源和设备,而在与客户的合作中,良好的关系更有利于获得客户的偏好信息和更多的市场信息。在环保领域,两个企业之间的管理者和联系人之间的频繁互动和良好的人际关系使得双方更容易接受对方的环保理念,也避免了欺诈和失信等行为的产生。此外,由于环保合作和绿色创新区别于一般合作与创新的环境外部性,当企业管理者和联系人通过非正式互动形成良好的企业间人际关系时,对环境保护的共同关注和责任感使得他们更愿意针对合作中的环保问题提出额外的建议和帮助。笔者前期对企业的调研中也发现,在正式业务往来的基础上,有非正式关系往来的企业间更愿意提供互利的建议和帮助,如来自上游供应商的对绿色流程创新中所提出的创新性想法和更合适设备的选用建议,来自下游客户所提出的产品绿色包装建议及更有效的环保检测仪器选择等都是基于企业间良好的人际关系，也对企业绿色创新产生了更积极的作用。

因此，企业间良好的人际关系进一步推动了供应链环保合作对企业绿色创新的促进作用。因此，提出如下假设：

H4：企业间人际关系在供应链环保合作与企业绿色创新的关系上起正向调节作用。

具体来说，该假设又包括以下几个子假设：

H4-1：企业间人际关系越好，供应商环保合作对绿色产品创新的影响则越大。

H4-2：企业间人际关系越好，供应商环保合作对绿色流程创新的影响则越大。

H4-3：企业间人际关系越好，供应商环保合作对绿色管理创新的影响则越大。

H4-4：企业间人际关系越好，客户环保合作对绿色产品创新的影响则越大。

H4-5：企业间人际关系越好，客户环保合作对绿色流程创新的影响则越大。

H4-6：企业间人际关系越好，客户环保合作对绿色管理创新的影响则越大。

二、管理者对环境的关注与绿色创新之间的关系

在前面的章节中，管理者对环境的关注被定义为"企业的管理者对自然环境重要性的认知及其表现出的对环境保护的积极或消极的态度。"高阶管理理论认为，企业高管能够通过其个人特质（如价值观和阅历等）影响企业的战略选择，并进而影响企业实际运营和成果绩效（Hambrick，2007；席龙胜和赵辉，2022）。管理者的认知模式和注意力也被认为是解释企业行为的关键，管理者对不同问题的关注度将影响企业的选择和行为（李巧华，2014），环保领域的研究更凸显了这一点。

一方面，从管理者本身来说，对环境的高度关注意味着管理者有着更深的"自我超越价值观"，更愿意理解和接受企业为了社会福祉而应该履行

的环境责任，因此也会推动企业采取更主动的方式——绿色创新——来回应其对环境的关注（Bansal，2003；Fergusson 和 Langford，2006；Journeault 等，2016）。社会企业家精神也能很好地解释管理者对环境的关注对企业绿色创新的推动作用。作为企业高层管理人员，尽管不是真正的企业家，却履行了企业家运营与管理企业的责任（徐淑英和石小竹，2012）。当这些实际运营企业的管理人员具有远见，对环境的关注成了他们愿意为了社会价值而努力的一个表现，他们善于抓住机会，愿意在确保自身产品和价值提升的同时提高资源的使用效率（邢丽云和俞会新，2020），因此，推动企业绿色创新成为他们社会企业家精神的体现。也就是说，有着更深的社会使命感的管理者对环境的关注将直接推动企业的绿色创新。

另一方面，从企业的长期可持续发展来说，环境管理和环保努力是企业不可规避的重要问题。由于管理者在培育和促进企业的创造性和创新方面的重要作用（Yap 等，2005），当管理者敏锐地感知市场环保需求时，他们对环境的关注度会比较高，从而推动了企业对环保问题的迅速回应（Eiadat 等，2008），因而更容易推动企业在环保方面的创新。现有研究也佐证了这一点，Huang 等（2016）、Burki 和 Dahlstrom（2017）认为管理者对来自市场和客户压力的感知与其对环保承诺的更积极主动的态度有关，当管理者对环境的关注越高时，他们越愿意通过环保有关的创新来应对市场需求。

因此，提出如下假设：

H5：管理者对环境的关注积极促进了企业的绿色创新。

具体来说，该假设又包括以下子假设：

H5-1：管理者对环境的关注积极促进了绿色产品创新。

H5-2：管理者对环境的关注积极促进了绿色流程创新。

H5-3：管理者对环境的关注积极促进了绿色管理创新。

管理者对环境的关注从本质上来说是管理者对企业行为影响环境的认知程度及环保行为对企业发展影响的认知程度，主观的关注和认知不仅仅对行为的结果产生影响，也会影响行为与结果之间的关系。作为绿色创新的重要驱动因素，管理者对环境的关注得到越来越多的重视（Ar，2012；Hojnik 和 Ruzzier，2016）。本书认为管理者对环境的关注除了能积极促进企业进行绿色创新，还会对供应链环保合作与企业绿色创新之间的关系起调节作用，原因如下：

首先，由于绿色创新是企业解决环境和经济效益间两难问题的一种有效方式（Porter 和 Van der Linde，1995；Ramanathan 等，2018；Zhao 等，2021），当管理者对环境的关注越高时，其创新趋向就会越高（李巧华，2014），而其所在的企业也将更愿意在合作中提供资源以解决问题、促进合作，并转而进一步影响企业的绿色创新。同时，管理者对环境的关注度越高，越容易感知外界的环保压力，出于对异质性资源依赖的考虑，他们将更愿意通过合作来进行不同的环保创新性行为（Eiadat 等，2008）。相反，若管理者对环境的关注度较低，企业往往只是采取被动的方式与供应链伙伴进行环保合作，从而对绿色创新的作用也将不明显。

其次，管理者对环境的关注越高也就意味着他们愿意投入更多时间和资源去积极应对环境问题（Naffziger 等，2003），因此提高了企业对环境问题的响应能力，并推动企业与供应链中其他伙伴的环保合作，如进行绿色采购、绿色回收等（Papagiannakis 和 Lioukas，2012；Yen 和 Yen，2012）。在供应链环保合作中，管理者对环境的关注还积极推动了企业实施更有利于环保的设备以推动绿色流程创新，并进一步影响企业的绿色产品创新（Triguero 等，2013；Hojnik 和 Ruzzier，2016）。Björkdahl 和 Linder（2015）的研究也表明当管理者更关注环境时，他们的企业更愿意与合作方共享环保愿景，从而推动企业绿色创新。

此外，在管理者的重视下，企业内部环境管理体系和现有资源及能力的整合将更加顺畅（Amores-Salvadó 等，2015）。管理者对环境的关注越高，他们会更有意愿从企业内部提升其环保管理和创新能力，比如推动企业实施 ISO14001 等环保认证（Tseng 等，2013）。从资源依赖的角度来看，内部能力的提升使得企业在合作中处于更加主动和优势的地位，而通过优势地位和影响力制定环保流程和规范将更有利于企业联合供应商和客户以对环境影响更小的方式进行产品和流程的开发和再设计（Amores-Salvadó 等，2015）。

因此，管理者对环境的关注正向调节了供应链环保合作与企业绿色创新之间的关系，假设如下：

H6：管理者对环境的关注正向调节供应链环保合作与企业绿色创新的关系。

具体来说，该假设的子假设包括：

H6-1：管理者对环境的关注越高，供应商环保合作对绿色产品创新的促进作用越强。

H6-2：管理者对环境的关注越高，供应商环保合作对绿色流程创新的促进作用越强。

H6-3：管理者对环境的关注越高，供应商环保合作对绿色管理创新的促进作用越强。

H6-4：管理者对环境的关注越高，客户环保合作对绿色产品创新的促进作用越强。

H6-5：管理者对环境的关注越高，客户环保合作对绿色流程创新的促进作用越强。

H6-6：管理者对环境的关注越高，客户环保合作对绿色管理创新的促进作用越强。

三、绿色创新与企业环境绩效和竞争优势之间的关系

在创新有关的研究文献中，学者们认为创新能增加企业的经济和运作绩效。而在对绿色创新进行的研究中，除了传统经济、市场和运作绩效外，对环境影响的减少即环境绩效也是一个非常重要的绩效。尽管很多学者还是将重点放在了对传统绩效的影响上，如 Chen 等（2006）和 Chen（2008）主要研究了绿色产品和流程创新如何影响企业的竞争优势，而并没有考虑对环境绩效的影响，同时他们的研究也忽视了管理上的创新的作用（Chiou 等，2011），但环境绩效还是逐渐得到了学者们的重视。由于绿色创新本身就是基于环境管理，为了保护环境所进行的创新行为，因此它对企业的环境绩效会起到重要作用。在"波特假说"中也提到，当企业面临比较柔性的政策规制时，他们往往会通过绿色创新，如对有污染性的生产流程进行再设计等来增加环境绩效，并奠定其作为环境保护领先者的地位（Wu 等，2012）。

企业经济活动对环境带来的危害可能贯穿于供应链的各个阶段。早期

研究中，人们发现企业更多的是采取事后控制的方式来应对环境污染问题（Porter 和 Van der Linde，1995），但这种被动应对的方式显然无法有效控制企业活动对环境带来的危害，而诸如创新等前瞻性的主动回应才能带来更好的环境绩效（Ramanathan 等，2017；Rehman 等，2021）。从产品整个生命周期来看，包括原材料选择、生产到交付客户使用，绿色创新都能减少对环境的影响（Björkdahl 和 Linder，2015）。而且，随着政府环保力度的加大，后续的环境污染治理费用和可能受到的经济惩罚都给企业带来不小的经济压力，而绿色创新不仅能使这种压力减小，还帮助企业实现从污染控制到污染预防（Porter 和 Van der Linde，1995；Kushwaha 和 Sharma，2016；Rehman 等，2021）。因此，企业在创新过程中将首先考虑这些因素，从而减少对环境的影响。

此外，生态现代化理论认为技术创新是环境保护与改革的基础，而社会经济主体（如企业）在其中起重要作用（Sherman 和 Sherman，1995）。在本书的研究中，绿色创新包括绿色产品创新、绿色流程创新和绿色管理创新，而技术创新是这些创新的基础。生态现代化理论强调对于经济主体来说，预防和减少污染能带来回报（Hajer 和 Versteeg，2005）。流程创新减少了危险废弃物的排放，产品创新本身就是对产品环境性能的改变和对消费者环保需求的满足（Ramanathan 等，2017），而在管理上的绿色创新使得企业内部的环保意识增加，提升了内部效率，并进而推动了不同环节的资源和能源节约（Burki 和 Dahlstrom，2017）。因此，绿色创新既能给企业带来短期的环境绩效（如短期内的浪费和污染减少），又能体现长期环境绩效的改善（例如更加持续的清洁生产等）（Li，2014）。

据此，提出如下假设：

H7：绿色创新显著提升了企业的环境绩效。

具体来说，该假设的子假设包括：

H7-1：绿色产品创新显著提升了企业的环境绩效。

H7-2：绿色流程创新显著提升了企业的环境绩效。

H7-3：绿色管理创新显著提升了企业的环境绩效。

竞争优势是企业所具备的可持续性优势，主要包括成本优势、差异化优势及聚焦优势（Porter，1998）。绿色创新是企业对产品、流程和管理的改进和开发过程，也是企业将具备环保性能的新产品成功推向市场的过程。随着更多环保法规的颁布和实施，在进行产品生产和设计时，考虑整个产品生命周期变得越来越有必要。而绿色产品和流程不仅可以减少对环境的负面影响，而且还可以提高公司的竞争优势（Porter 和 Van Der Linde，1995）。

一方面，从经济成本来说，传统的终端治理和事后控制为企业带来了巨大的处理成本，因此有学者认为绿色创新由于要投入巨大，所以在成本上并不一定给企业带来优势，反而可能由于短时期成本的上升从而对竞争优势带来负向影响。但是，也有观点认为，为了获得持续性发展优势，企业必须学会根据资源生产率来进行环境改善（Porter 和 Van der Linde，1995）。从产品生命周期的角度来看，绿色创新允许企业以一系列更有效的输入（从原材料到能源及企业管理组织能力等），抵消环境改善的成本并进而改善环保支出与经济收益之间的对立（Kesidou 和 Demirel，2012）。从客户的角度来看，绿色创新也使隐藏在产品生命周期中的其他成本得到改善，比如客户丢弃的包装物所形成的浪费和增加的成本是客户和消费者所承担的额外成本，这些有用的材料被丢弃导致的资源浪费也直接体现在了企业的产品成本中，绿色创新减少包装材料的使用及使用更具生态化的物料进行包装使这部分成本减少。绿色创新不仅能使企业的成本压力减小，还能为企业注入新的发展源泉（Porter 和 Van der Linde，1995）。尽管在前期可能需要大量投资，但是绿色创新会带来生产过程中的效率提升，而且还为企业带来能源费用减少，材料成本节约，市场占有量增加、收益增加等好处（González，2009），而这些都是企业竞争优势的具体表现。例如，在前期调研的企业 A 中，因为其生产陶瓷的车间需要保持高温，以往都是采用外部加热的方法，需要消耗众多的能源。而随着该企业对生产流程的创新，通过将窑炉的余热引到需要保持高温的车间中去，从而降低了外部加热所需的能源消耗成本。

另一方面，从效率提升来说，创新带来的资源和能源的使用效率提升促进了企业的获利，也使企业更具竞争优势（Ghisetti 和 Rennings，2014）。具体来说，流程创新带来的每单位产品生产的能源和物料的减少对企业竞争力提升有积极作用，诸如创新性的清洁生产技术的使用从源头上减少了污染物的排放，其对企业带来的竞争力影响远远大于被动的终端治理等事后环保控制措施（Ghisetti 和 Rennings，2014）。例如，笔者前期所调研的企业 C，通过绿色创新生产了超薄型陶瓷砖，与竞争对手的同类型瓷砖相比，该创新性产品节约了原料 75%，降低了能耗 84.3%，节约水资源 63.2%，废水废渣的排放也大大降低。源头上的创新带来的资源和能源使用效率的提升，排放物的减少给该企业带来了有别于竞争对手的巨大优势，也使企业在后续的发展中更具潜力。

此外，绿色创新满足了消费者对其行为的社会道德关注和伦理标准（Jeroen 和 Van den Bergh，2013；Cuerva 等，2014）。企业的绿色创新一方面受到环保型消费者的驱动，另一方面，也因为其符合绿色发展的形象对一般消费者的消费和行为产生绿化影响，从而使得绿色创新产品获得更多消费者青睐（Yalabik 和 Fairchild，2011），并增加市场份额（Hojnik 和 Ruzzier，2016）。同时，通过创新减少污染排放，促进环境保护也是企业在对环境敏感型客户竞争时获得成功的一个有效方式（Yalabik 和 Fairchild，2011）。企业通过绿色创新获得更好的声望和形象，并在市场上占据更多优势。

也就是说，由于社会和经济发展对环保的要求，绿色创新逐渐成了企业获得先行者优势、提高生产率和竞争能力的重要途径（Chen 等，2006）。因此，提出如下假设：

H8：绿色创新显著提升了企业的竞争优势。

具体来说，该假设又包括以下几个子假设：

H8-1：绿色产品创新显著提升了企业的竞争优势。

H8-2：绿色流程创新显著提升了企业的竞争优势。

H8-3：绿色管理创新显著提升了企业的竞争优势。

在前面的论述中，对绿色创新与企业环境绩效和竞争优势的关系进行了阐述。绿色创新作为企业创新的一种，既可以通过成本降低和服务提升直接为企业带来竞争力和竞争优势，又可以通过环境绩效来获得长久竞争优势。具体来说，企业通过绿色创新所获得的环境绩效能从以下几方面为企业带来竞争优势。

一方面，绿色创新帮助企业通过减少排放物和有毒物降低对环境的污染（Chiou 等，2011；Li，2014；Björkdahl 和 Linder，2015）。由此而来的良好的环境绩效代表企业具备良好的能力进行环境保护（Ar，2012），这在很大程度上迎合了客户（尤其是国际客户）的需要，因此能帮助企业占据更多的市场份额（Hojnik 和 Ruzzier，2016）。在前期的企业调研中，这一点也得到了证实。国外客户会主动寻找那些对环境保护付出努力及善于创新并取得良好环境绩效的企业进行合作，并帮助这些企业进一步创新其产品，使其与竞争对手拉开距离。

另一方面，从成本的角度来看，绿色创新为企业所带来的良好的环境绩效意味着企业提高资源使用效率（Chan 等，2016）。即在使用更少资源的同时减少浪费，因此减少了企业生产上的资源成本投入和后续污染处理的成本费用（Porter 和 Van der Linde，1995）。尽管创新可能带来初始设备和技术投资的增加，短期增加了企业的成本，但从长远来看，短期的投入可能获得后续更大的成本优势和先行者优势。例如，笔者前期调研的佛山陶瓷企业 A，在 2010 年以前就将生产过程中使用的重油改为天然气，原来使用的重油成本更低，但会给环境带来很大污染，例如形成酸雨。而改用天然气对企业来说尽管增加了很多成本（如初期铺设管道，采购相关设备等），但是随着环境保护标准的增加，前期的成本投入帮助了该企业顺利平稳地度过了政府高要求的改革期，并领先于市场，该企业获得来自国外品牌企业的合作与高度评价就得益于这种先行优势。可以说，该企业通过绿色创新减少了对环境的污染排放，从而增加了企业的竞争优势。

从收益和发展的角度来说，绿色创新为企业带来良好的环保名声和形象（Chen 等，2006），以及差异化的更具环保性能的产品（Amores-Salvadó 等，2014），这些产品的提供使得企业获得了更多收益来源，从而能为未来可持续发展投入更多资金和能力，因此有利于企业长期竞争优势的发展和维持。

也就是说，绿色创新为企业带来的竞争优势至少有一部分是通过环境绩效的提升来获得的。因此，提出如下假设：

H9：企业环境绩效在绿色创新与竞争优势之间起中介作用。

具体来说，该假设又包括以下子假设：

H9-1：企业环境绩效在绿色产品创新与竞争优势之间起中介作用。

H9-2：企业环境绩效在绿色流程创新与竞争优势之间起中介作用。

H9-3：企业环境绩效在绿色管理创新与竞争优势之间起中介作用。

四、环境不确定性的影响

根据权变理论,环境与企业行为和绩效之间有着显著的关系,现有文献强调了环境是组织行为研究中的一个重要的权变变量(Wu,2013),可以作为一种调节变量进行研究(Teece 等,1999;Hart 和 Dowell,2011;Liao,2016)。也就是说,环境可能影响组织行为和绩效之间的密切关系。因此,企业应该对其生存与发展的环境给予更多关注(Wang 等,2011;Calantone 和 Rubera,2012)。市场环境和技术变化所带来的环境不确定性可能会对企业绿色创新与环境绩效和竞争优势的关系产生影响。这种不确定性可能来源于市场变化,如客户对产品需求的变化、竞争性产品的出现等,也可能来自行业和竞争者的突发性技术变革等。环境不确定性可能给企业带来如下影响:(1)管理者是否能够获得足够的信息用以决策,当环境变化时,这种决策带来的结果会不会发生变化(Bstieler,2005);(2)管理者是否有能力预测变化的复杂性并适应和战胜这种变化以获得预期效果(Swamidass 和 Newell,1987;简兆权等,2015)。

具体来说,当市场不确定性较高时,客户对产品的需求变动频繁,来自客户的知识和信息呈现多样化和变化的趋势,制造商不得不花费更多努力去识别、过滤和使用这些外部资源和知识。同时,当不确定性更高时,企业内部可能会由于外部环境变化太快而拒绝接受外部知识(Calantone 和 Rubera,2012)。因此企业在绿色产品上所做的创新相对保守,从而使产品创新对环境绩效改善的作用降低。如果环境不确定性较低,也就是说企业面对的环境比较稳定,对市场和客户的隐性和有用知识的获取将更加精确。而在市场需求较稳定时,来源于客户的信息也更准确,企业可以通过内部创新知识库更精准地匹配外界知识和资源并根据客户需求进行创新,减少搜索和整合创新知识的难度(Caloghirou 等,2004),并获得更高的环境绩效。因此,当环境不确定性较高时,企业绿色产品创新对环境绩效的影响将被弱化。

当需求不确定性高的时候,企业在产品设计和生产过程中都很难针对创新中遇到的问题提出具体的解决方案。这是因为新的信息在不确定的环境中不断涌入,给同一个问题带来了不同的观点和解释(Akgün 等,2008)。使得制造商难以在创新过程中与顾客达成共识,从而阻碍产品的创新。同时，技术的快速发展和更新换代也使得企业难以跟随发展速度去不断采用新的生产工艺和设备，因此当技术变化较快时，为了规避风险，在作决策的时候，因为他们不知道所谓的新技术是否能带来成功，所以企业通常更愿意沿用原有的技术轨迹，而对可能在企业绿色创新中带来更好环境绩效的技术持观望态度。同时，当环境不确定性高的时候，企业的目标相对没有那么明确，因此也会导致企业趋向于模仿其他企业的做法（Liang等，2007），或者试图复制行业内的现有做法以规避不确定性带来的风险（Dubey等，2015）。因而环境不确定性削弱了绿色产品和流程创新对环境绩效的积极作用。提出假设如下：

H10：环境不确定性调节了绿色创新与企业环境绩效之间的关系。

该假设的子假设包括：

H10-1：市场不确定性负向调节了绿色产品创新与企业环境绩效之间的关系。

H10-2：市场不确定性负向调节了绿色流程创新与企业环境绩效之间的关系。

H10-3：技术不确定性负向调节了绿色产品创新与企业环境绩效之间的关系。

H10-4：技术不确定性负向调节了绿色流程创新与企业环境绩效之间的关系。

但是，从管理的角度来看，绿色管理创新意味着企业具备绿色创新理念，并愿意采用新的环境管理体系，积极开展各项支持绿色创新的活动。因此，当企业面临变化较快及不确定性的环境时，管理上的快速反应更能有效应对这些变化。而且，从战略的角度来看，当企业面临不确定性环境时，管理创新的作用将越显著，创新性的管理体系和管理手段使企业能以更有效的方式处理环境不确定性带来的风险，并从中识别机会（Roper和Tapinos，2016）。因此，环境不确定性不仅不会削弱绿色管理创新对企业环境绩效的积极作用，反而会加强该作用。

因此，环境不确定性在绿色管理创新与环境绩效之间关系的子假设如下：

H10-5：市场不确定性正向调节了绿色管理创新与企业环境绩效之间的关系。

H10-6：技术不确定性正向调节了绿色管理创新与企业环境绩效之间的关系。

有证据显示，环境的不确定性和动态性能调节创新和竞争优势之间的关系（Sheng等，2013）。当环境不确定性高时，企业绿色创新对竞争优势的作用将受到影响（Wu，2013）。第一，如前所述，当环境不确定性较高时，企业必须对更多的信息进行甄别，因而可能延迟创新产品推向市场的时机，增加了客户识别成本和产品销售成本，因而降低了创新本身对竞争优势的积极作用；第二，市场的快速变化也可能导致企业绿色创新成果迅速被市场所淘汰，从而失去了原有的优势地位；第三，当技术的不确定性较高时，尤其是行业内的新技术快速发展时，竞争对手也能更容易地通过市场获得新技术以增加其环保影响力，因而给企业的竞争优势获取带来威胁。

因此，绿色产品和流程创新对竞争优势的潜在价值受到环境不确定性的干扰，当环境不确定性高时，来自产品和流程创新的优势将被削弱。提出如下假设：

H11：环境不确定性调节了绿色创新与企业竞争优势之间的关系。

该假设的子假设包括：

H11-1：市场不确定性负向调节了绿色产品创新与企业竞争优势之间的关系。

H11-2：市场不确定性负向调节了绿色流程创新与企业竞争优势之间的关系。

H11-3：技术不确定性负向调节了绿色产品创新与企业竞争优势之间的关系。

H11-4：技术不确定性负向调节了绿色流程创新与企业竞争优势之间的关系。

而对于绿色管理创新与企业竞争优势之间的关系，当环境不确定性较高时，管理创新对竞争优势的作用将更加明显，这可能源于以下原因：第一，当市场不确定性较高时，相对于竞争者，企业的绿色管理创新给企业带来稳定的危机处理资源和良好的应对机制，从而获得更多市场发展机会，增加了产品差异化的优势（Yu和Hang，2010）；第二，当技术不确定性较高时，例如行业环保技术的快速更新换代，管理上的创新使企业能更快接受新事物并迅速适应，企业将通过与市场和技术的同步变化来获得先行者优势（Roper 和 Tapinos，2016），在剧烈的环境变化下将比其他企业发展更快（Tushman 和 Anderson，1986）；第三，管理创新带来的组织柔性可以为企业在动态环境下获得竞争优势创造有利条件（杨卓尔和高山行，2020）。

因此，提出如下子假设：

H11-5：市场不确定性正向调节了绿色管理创新与企业竞争优势之间的关系。

H11-6：技术不确定性正向调节了绿色管理创新与企业竞争优势之间的关系。

本章小结

本章首先介绍了研究变量的选择，随后建立了本书的研究模型，分析了供应链环保合作对绿色创新的影响（包括组织间人际关系在其中的作用）、管理者对环境的关注与企业绿色创新的关系、绿色创新与企业绩效和竞争优势的关系、环境不确定的作用，并结合前期调研实例，提出了11个研究假设，其中又包括若干子假设，具体如表3-1所示。

表 3-1　研究假设汇总

序号	具体假设及子假设内容
假设 1	H1：与供应商的环保合作对企业绿色创新有积极促进作用 　　H1-1：与供应商的环保合作对企业绿色产品创新有积极促进作用 　　H1-2：与供应商的环保合作对企业绿色流程创新有积极促进作用 　　H1-3：与供应商的环保合作对企业绿色管理创新有积极促进作用
假设 2	H2：与客户的环保合作对企业绿色创新有积极促进作用 　　H2-1：与客户的环保合作对企业绿色产品创新有积极促进作用 　　H2-2：与客户的环保合作对企业绿色流程创新有积极促进作用 　　H2-3：与客户的环保合作对企业绿色管理创新有积极促进作用

（续表）

序号	具体假设及子假设内容
假设 3	H3：企业间人际关系对供应链环保合作起积极促进作用 　　H3-1：企业间人际关系对供应商环保合作起积极促进作用 　　H3-2：企业间人际关系对客户环保合作起积极促进作用
假设 4	H4：企业间人际关系在供应链环保合作与企业绿色创新的关系上起正向调节作用 　　H4-1：企业间人际关系越好，供应商环保合作对绿色产品创新的影响则越大 　　H4-2：企业间人际关系越好，供应商环保合作对绿色流程创新的影响则越大 　　H4-3：企业间人际关系越好，供应商环保合作对绿色管理创新的影响则越大 　　H4-4：企业间人际关系越好，客户环保合作对绿色产品创新的影响则越大 　　H4-5：企业间人际关系越好，客户环保合作对绿色流程创新的影响则越大 　　H4-6：企业间人际关系越好，客户环保合作对绿色管理创新的影响则越大
假设 5	H5：管理者对环境的关注积极促进了企业的绿色创新 　　H5-1：管理者对环境的关注积极促进了绿色产品创新 　　H5-2：管理者对环境的关注积极促进了绿色流程创新 　　H5-3：管理者对环境的关注积极促进了绿色管理创新
假设 6	H6：管理者对环境的关注正向调节供应链环保合作与企业绿色创新的关系 　　H6-1：管理者对环境的关注越高，供应商环保合作对绿色产品创新的促进作用越强 　　H6-2：管理者对环境的关注越高，供应商环保合作对绿色流程创新的促进作用越强 　　H6-3：管理者对环境的关注越高，供应商环保合作对绿色管理创新的促进作用越强 　　H6-4：管理者对环境的关注越高，客户环保合作对绿色产品创新的促进作用越强 　　H6-5：管理者对环境的关注越高，客户环保合作对绿色流程创新的促进作用越强 　　H6-6：管理者对环境的关注越高，客户环保合作对绿色管理创新的促进作用越强

（续表）

序号	具体假设及子假设内容
假设 7	H7：绿色创新显著提升了企业的环境绩效 　　H7-1：绿色产品创新显著提升了企业的环境绩效 　　H7-2：绿色流程创新显著提升了企业的环境绩效 　　H7-3：绿色管理创新显著提升了企业的环境绩效
假设 8	H8：绿色创新显著提升了企业的竞争优势 　　H8-1：绿色产品创新显著提升了企业的竞争优势 　　H8-2：绿色流程创新显著提升了企业的竞争优势 　　H8-3：绿色管理创新显著提升了企业的竞争优势
假设 9	H9：企业环境绩效在绿色创新与竞争优势之间中介作用 　　H9-1：企业环境绩效在绿色产品创新与竞争优势之间起中介作用 　　H9-2：企业环境绩效在绿色流程创新与竞争优势之间起中介作用 　　H9-3：企业环境绩效在绿色管理创新与竞争优势之间起中介作用
假设 10	H10：环境不确定性调节了绿色创新与企业环境绩效之间的关系 　　H10-1：市场不确定性负向调节了绿色产品创新与企业环境绩效之间的关系 　　H10-2：市场不确定性负向调节了绿色流程创新与企业环境绩效之间的关系 　　H10-3：技术不确定性负向调节了绿色产品创新与企业环境绩效之间的关系 　　H10-4：技术不确定性负向调节了绿色流程创新与企业环境绩效之间的关系 　　H10-5：市场不确定性正向调节了绿色管理创新与企业环境绩效之间的关系 　　H10-6：技术不确定性正向调节了绿色管理创新与企业环境绩效之间的关系
假设 11	H11：环境不确定性调节了绿色创新与企业竞争优势之间的关系 　　H11-1：市场不确定性负向调节了绿色产品创新与企业竞争优势之间的关系 　　H11-2：市场不确定性负向调节了绿色流程创新与企业竞争优势之间的关系 　　H11-3：技术不确定性负向调节了绿色产品创新与企业竞争优势之间的关系 　　H11-4：技术不确定性负向调节了绿色流程创新与企业竞争优势之间的关系 　　H11-5：市场不确定性正向调节了绿色管理创新与企业竞争优势之间的关系 　　H11-6：技术不确定性正向调节了绿色管理创新与企业竞争优势之间的关系

第四章
研究设计与数据收集

为了得到可靠合理的研究结论，必须使用科学的研究方法及完善的研究过程，研究设计是合理选择研究方法，促进研究过程有序进行的基础和必要条件。基于前面章节的理论假设和概念模型，本章的研究设计主要涉及量表设计、初始问卷发放与回收（预测试）、预测试数据分析与量表修正、正式问卷形成及数据收集。

第一节 实证研究方法及过程

作为一种研究范式，实证研究通过观察和探索，对众多的经验事实进行归纳总结，从而得出具有普遍意义的结论，更重要的是，实证研究使用科学的方法对归纳总结出的方法进行现实检验，即其结论是具有现实可证性的（Singhal 等，2008；于丹，2014）。实证研究常见的有一手数据收集法（包括调研、案例、实验等）和二手数据收集法，其中调查研究法是管理领域使用最广泛的方法，尤其对于运作与供应链管理领域更是如此（Singhal 等，2008）。Zhao 等（2006）强调中国的绿色供应链及其相关实证研究还存在很多机会，需要学者们的不断努力。调查研究一般通过访谈和问卷的方式进行，在问卷的设计中一般都是标准化用语，每个参与调查的受试者面临同样的情境和题项，从而不容易对问卷及问项随意进行主观解释，因而能使研究的结果更具真实性和可靠性。

通过第一章的背景解释和第二章的文献综述，可以看到针对环保管理和企业绿色创新的内容众多，学者们分别采取了包括综述、案例、调研、二手数据等不同的研究方法进行研究。尽管方法众多，但学者们在每个研究中使用的只是其中一种或少数两种方法，这是因为，使用多方法对研究问题进行验证虽然可以更全面系统地解释问题的重要性和结论的通用性，但是要在一项研究中综合使用多种方法却是消耗巨大的工作，很多时候无法兼顾。因此，合理的做法是如大多数学者一般，选择其中一至两种最适合实现研究目标的方法进行研究。在企业环保管理及创新领域，如 Bossle 等（2016）在对企业绿色创新的研究综述中揭露，问卷调研是使用最广泛的方法之一。在本书第三章概念模型中可以看到，本书的研究对象是企业的绿色创新，主要相关的变量包括企业间人际关系、企业与供应链合作伙伴的环保合作以及企业内部管理者对环境的关注等，这些关键变量的详细数据很难通过公开资料或现有数据库获得，而问卷调查研究法由于对问项的细致把握，并且不受时间和空间的限制，成为本书所选择的研究方法，笔者将通过企业实地和电子方式访谈，并通过问卷调研获得研究所需的具体数据。具体来说，本部分在前面章节理论总结的基础上，通过对企业的访谈，并根据研究目的设计问卷，随后进行小样本预测试和数据分析，测量量表修正，正式问卷形成和发放等，旨在为后续的假设检验奠定基础。测量量表形成的具体过程如图 4-1 所示。

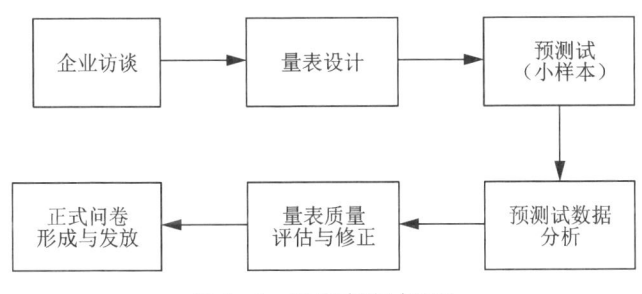

图 4-1 研究方法过程图

第二节　问卷设计过程及变量测量

问卷设计和变量的具体测量是后续实证研究的关键。以下部分将具体介绍本书如何进行问卷设计以及具体的变量测量。

一、问卷设计过程

对问卷的设计，本书参照了众多的现有文献，并通过以下流程确保问项的合理及可操作性：(1) 根据初步确立的研究方向（企业绿色创新的影响因素和结果），对 10 家企业高层管理人员（包括 2 家灯具制造企业、1 家标签制造企业、4 家电子制造企业、2 家瓷砖制造企业、1 家塑胶件制造企业）进行实地调研和电子访谈，从而确定具体的研究问题和变量（具体访谈题项见附录 1）。(2) 在进行量表问项设计时，笔者选择国内外知名度较高或引用量较大的文献，对来自国外期刊的文献中的相关量表进行英→汉、汉→英、英→汉的三轮翻译，以能准确获取文献中量表问项的真实含义和准确表达。初步设计量表后，征询了 5 位企业好友及 6 位相关领域的教授和博士研究生的建议，对量表题项进行完善，从而形成初始问卷。(3) 对初始问卷进行小规模预测试，通过亲友关系在企业发放 20 份初始问卷，通过 EMBA 班学生发放 60 份问卷，该预测试问卷除了对选择题项的回答，还要求受试者进行开放性问题回答，主要针对问项的语言表达，问项内容提出意见。预测试问卷回收后，通过统计分析，并根据预测试问卷反馈意见，对语言措辞可能引起误解的问项进行修改，并对量表选项进行进一步完善。(4) 在预测试问卷的基础上修正量表进而形成正式问卷。

二、变量测量

本书的研究涉及七个变量：供应链环保合作、管理者对环境的关注、企业间人际关系、绿色创新、环境不确定性、环境绩效和竞争优势。基于对以往文献的回顾和总结，本书采用李克特量表（Likert Scale）进行问项的测量，相对于五级量表，七级量表能获得可变性更高的数据，因此采用七级量表进行问项的测量。具体来说，要求受试者针对量表中的问项选择其认同的程度，其中：1 表示"非常不同意"；2 表示"不同意"；3 表示"有些不同意"；4 表示"不确定"；5 表示"有些同意"；6 表示"同意"；7 表示"非常同意"。

（一）供应链环保合作的测量

鉴于以往对供应链中上下游合作及环保合作的研究（Vachon 和 Klassen，2008；Lee 等，2014；Burki 和 Dahlstrom，2017；Liao 等，2017），本书从三个方面（联合计划与决策、信息共享、激励联盟）共十二个项目来测试企业的供应链环保合作（包括与供应商的环保合作和与客户的环保合作），具体见表 4-1。

表 4-1 供应链环保合作的测量量表

变量	编号	题项内容
供应商环保合作	ESC_01	我们与供应商针对环保问题进行联合计划
	ESC_02	我们与供应商就如何减少产品的环境影响进行共同决策
	ESC_03	我们与供应商共享环保经验和知识
	ESC_04	我们与供应商共享清洁生产等环保技术
	ESC_05	我们与供应商合作进行回收处理
	ESC_06	我们与供应商共同实现环保目标
客户环保合作	ECC_01	我们与客户针对环保问题进行联合计划
	ECC_02	我们与客户就如何减少产品的环境影响进行共同决策
	ECC_03	我们与客户共享环保经验与知识
	ECC_04	我们与客户共享绿色包装等环保技术
	ECC_05	我们与客户合作进行回收处理
	ECC_06	我们与客户共同实现环保目标

（二）管理者对环境的关注的测量

管理者对环境的关注是一个比较新，但同时也非常重要的概念（Qi 等，2010），笔者参照了李巧华（2014）、Ar（2012）、Bossle 等（2016）、Hojnik 和 Ruzzier（2016）的研究，询问企业管理者对绿色创新和环保战略的关注程度如何。为了减少反应偏差，提高测验的效度，参照 Ar（2012）的研究，进行了反向编码。具体见表 4-2。

表 4-2 管理者对环境的关注测量量表

编号	题项内容（我们的管理者认为）
MC_01	若可以采取其他方式规避环保成本，没有必要进行绿色创新
MC_02	环保问题不会对企业带来影响，绿色创新是没有必要的
MC_03	绿色创新给企业带来额外的成本支出，影响企业经济绩效
MC_04	只要遵守环境法规就可以了，绿色创新不需要达到高水平
MC_05	通过节约能源和绿色创新改变企业社会形象是非常有必要的
MC_06	绿色创新是我们企业环保管理战略的重要组成部分
MC_07	大多数的绿色创新都是值得做的
MC_08	绿色创新是一个有效的战略
MC_09	绿色创新是企业实现竞争优势的必要途径

（三）企业间人际关系的测量

关系是理解中国文化和经济活动及组织行为的关键概念（问延安和沈毅，2016）。笔者参阅了国内外学者对中国式关系的研究，考虑了中国式关系的特殊性，根据 Luo 等（2014）、刘胜春等（2015）、Liu 等（2008）、Cheng（2011）等的研究量表，从非正式的人际关系角度对企业间关系进行了测量，具体见表 4-3。

表 4-3 企业间人际关系的测量量表

编号	题项内容
IR_01	我们的管理者与合作企业的管理者非常熟悉
IR_02	我们的管理者和合作企业的管理者总是邀请对方参加年度晚宴或其他社交活动
IR_03	我们的管理者和合作企业的管理者会互相拜访
IR_04	我们与合作企业的联系人（采购员，销售员等）愿意互相提供帮助

（四）绿色创新的测量

绿色创新是研究核心变量，学者们基于不同的理论视角和研究目的将绿色创新变量划分成了不同的维度并进行了测量。具体来说，可归纳为如下几种：

（1）从创新实施的角度，通过绿色产品创新、绿色流程创新和绿色管理创新（组织创新）对企业绿色创新进行测量，如 Chen 等（2006）、Chiou 等

(2011)、de Oliveira Brasil 等（2016）、Peng 和 Liu（2016）、马媛等（2016）对企业绿色创新进行的测量；

（2）从创新结果的特征对绿色创新进行测量，如 Roscoe 等（2016）从渐进式创新和突破式创新对绿色创新的测量；

（3）从经济上投入（如绿色研发投入）和产出（如绿色专利数量）的视角，对企业绿色创新进行的测量，如 Chassagnon 和 Haned（2015）、Yenipazarli（2017）、Amore 和 Bennedsen（2016）、Berrone 等（2013）的研究。

由于本书旨在探讨供应链环保合作行为对企业绿色创新实施的影响，其结果将在环境绩效和竞争优势中体现，因此，参照 Chen 等（2006）、Peng 和 Liu（2016）、马媛等（2016）等众多学者的研究，本书从绿色产品、流程和管理三方面来测量企业的绿色创新。基于绿色产品创新的测量主要考虑企业对于新产品的开发是否使用更少污染、更低能耗的原材料，新产品经过使用后是否更易回收再利用等。基于绿色流程创新的测量主要考虑在企业产品（包括原有产品和新产品）生产过程中是否会引入新的技术和工艺、装备等来减少生产本身对环境的影响。基于绿色管理创新的测量主要考虑企业从组织层面是否采用新的管理方法及对绿色创新活动的支持等。具体量表如表 4-4 所示：

表 4-4　企业绿色创新的测量量表

编号	题项内容
GI_01	我们开发或使用更少或无污染/无毒原材料的新产品
GI_02	我们开发或使用低能耗的新产品
GI_03	我们开发或使用结构简化的新产品
GI_04	我们开发或使用容易回收再利用的新产品
GI_05	我们通常会改进生产工艺以遵守环保法规
GI_06	我们通常会改进生产工艺以降低环境污染
GI_07	在制造过程中我们通常会引入新技术以节约能源
GI_08	用于制造过程的装备通常会进行更新以节约能源
GI_09	我们采用新的环境管理体系或方法
GI_10	我们经常收集并与雇员分享绿色创新的最新消息
GI_11	我们积极地开展各项绿色创新活动
GI_12	绿色创新的理念被我们用到业务管理中

(五) 环境不确定性的测量

对于企业来说，环境不确定性可能来自众多方面，现有研究对环境不确定性的测量既有从微观和宏观的视角来度量（Roper 和 Tapinos，2016），也有从环境本身的动态性和复杂性来度量（汪丽等，2012），还有从技术和市场的视角对环境不确定性进行度量（李妹和高山行，2014）。对于企业创新来说，影响最大的应该是市场的不确定性（可能对绿色产品创新的形成和推广造成影响）和技术的不确定性（可能对绿色流程创新的实施造成影响）。因此，本书参照 Wu（2013）、李妹和高山行（2014）等的研究，从技术不确定性和市场不确定性两个维度来测量企业绿色创新所面临的环境不确定性。该变量的预测试量表共包括七个问项，其中，市场不确定性有三个问项，主要考虑客户和市场对绿色产品的需求和偏好；技术不确定性有四个问项，主要考虑有关绿色技术的获取、实施和预测。具体量表如表4-5所示：

表4-5 环境不确定性的测量量表

编号	题项内容
UC_01	其他可竞争的绿色产品容易被引入市场
UC_02	我们难以准确评估客户对环保产品的需求
UC_03	我们很难预测客户未来的环保产品偏好
UC_04	由于技术的快速变化，我们很难获得最新的绿色制造技术
UC_05	由于技术复杂程度高，我们难以实施绿色制造技术
UC_06	行业内许多新的环保材料和制造技术被快速引入
UC_07	我们很难预测未来两三年的环保技术变化

(六) 环境绩效和竞争优势的测量

在本书中，环境绩效和竞争优势被认为是绿色创新对企业的影响，根据对众多文献进行阅读和总结，本书将环境绩效和竞争优势作为企业绿色创新的结果变量。以往研究选择各种绩效指标对企业绿色创新绩效进行了测量，如新产品交付绩效（Vachon 和 Klassen，2006）、市场绩效（Amores-Salvadó等，2015）、运作绩效（Amores-Salvadó等，2014）、经济绩效（李怡娜和叶飞，2011；Chan 等，2016）、环境绩效（李怡娜和叶飞，2011；Cai 和 Zhou，2014；Li，2014；Chiou 等，2011）。考虑到本书主要为了探讨企业绿色创新及其对企业环保的影响，因此，本书采用环境绩效来测度绿色创新对企业的影响，主要从绿色创新是否减少了企业对资源的消耗以及废弃物的排放是否减少，企业环保地位是否发生变化等方面进行测量，具体量表见表4-6：

表4-6 环境绩效的测量量表

编号	题项内容
EP_01	减少了资源的消耗（如能源、水、电、油）
EP_02	降低了废气、废水、废物的排放量
EP_03	减少了有毒和危险材料的消耗
EP_04	降低了环境事故发生的频率
EP_05	提高了企业环保形象的地位

同时，对于企业来说，光是降低对环境的影响，提升环境地位是不够的，企业的行为必须最终归结到企业的竞争优势上，因此，本书参照Chen等（2006）、Chiou等（2011）和Liao（2016）的研究，从低成本和差异化两方面共五个题项来测量绿色创新为企业所带来的竞争优势，具体见表4-7所示：

表4-7 企业竞争优势的测量量表

编号	题项内容
CA_01	与竞争者相比，我们在低成本上占据竞争优势
CA_02	与竞争者相比，我们更加聚焦于客户的多样化需求
CA_03	与竞争者相比，我们可以提供更好的产品和服务
CA_04	与竞争者相比，我们能更灵活地适应市场的快速变化
CA_05	与竞争者相比，我们最先进入某些重要领域并占据重要地位

（七）控制变量

如第二章所述，根据以往的研究，本书将企业年龄、企业规模及企业经营性质作为控制变量。其中，企业年龄的测量是要求问卷回答者填写企业所成立的年份（在后续处理中，笔者将样本观察年份减去企业创办年份）。企业规模主要是从雇员总人数来进行测量的，根据对企业的访谈，目前很多企业尤其是有季节性生产需求的企业，其很多员工都是劳务派遣的，这类员工虽然不属于正式员工，但同样代表了企业的规模，因此笔者把企业人数分成了几个等级，包括200人及以下、201~500人、501~1000人、

1001～3000 人、3001～5000 人、5000 人以上，要求受访者选择包括正式和劳务派遣人员的企业员工总人数。企业经营性质主要包括以下几项选项：国有/国有控股、私有/民营控股、外资、中外合资和其他。

第三节　预测试数据分析及量表修正

通过对文献的阅读，参考国内外文献中有关变量的成熟量表，完成了问卷中最重要的主要变量测量题项的设计。除此之外，为了完整地完成一份问卷调研，笔者还对问卷进行了以下完善：（1）在问卷开始部分对研究目的进行了说明，为了减轻问卷填写者对个人和企业信息泄露的担忧，特别注明了本问卷所收得的数据仅用于学术研究，不会用于任何商业目的，并且问卷的填写是匿名的，也将对问卷信息严格保密。同时，也具体列出了几项答题说明，指出后续的问卷中的问题答案并没有对错之分，要求受试者直接选择出符合最直接想法的选项。笔者通过问卷的篇首指导语使受试者了解问卷的目的和基本要求并打消顾虑，从而有利于后面的问项填写。（2）企业及个人基本信息部分：为了了解受试者所在的行业、企业及个人的基本情况，以便后续的进一步分析，本书问卷的第一部分要求受试者回答其在企业的职位、工作年限、性别、年龄和受教育程度等个人基本信息，以及企业的经营性质、员工人数、所处行业、所处地域等企业信息。为了避免受试者产生疑惑及满足匿名的要求，对企业名称和个人姓名等则没有包括在内。（3）问卷的最后部分是致谢部分，感谢问卷填写人对本问卷的如实填写，并注明，若填写人对本书研究的结论感兴趣，可向研究团队进行索取，研究完成后会将主要结论反馈给企业，以期为企业提供一定的参考借鉴价值。因此，本书的初始问卷一共包括四部分：卷首语部分、基本信息部分、变量测量量表部分及致谢部分。

一、预测试问卷发放与回收

为了能够获得更精准的反馈，在预测试阶段通过亲友选择了关系比较好的企业发放了 20 份问卷，通过 EMBA 班学生现场发放了 60 份问卷，最终收回 65 份，剔除具有明显规律性答案（例如都选某一数字选项），剔除在管理者对环境的关注部分正反向回答均为一样的问卷，最后获得 58 份有效问卷。问卷回收率为 81.25%，有效率为 72.5%。接下来，将对这 58 份问卷进行小样本分析，以确定初始问卷是否合理及如何进行修正。

二、预测试数据分析

从预测试问卷到正式问卷的过程，要经过一系列严谨的数据分析，如图 4-2 所示，因素分析和信度检验是预测试问卷到正式问卷的重要步骤（吴明隆，2009）。因素分析能发掘比较理想的因素结构，信度检验能进一步确定量表和构念的内部一致性。本部分先对预测试回收到的数据进行探索性因素分析，然后利用 Cronbach's α 进行内部一致性检验。

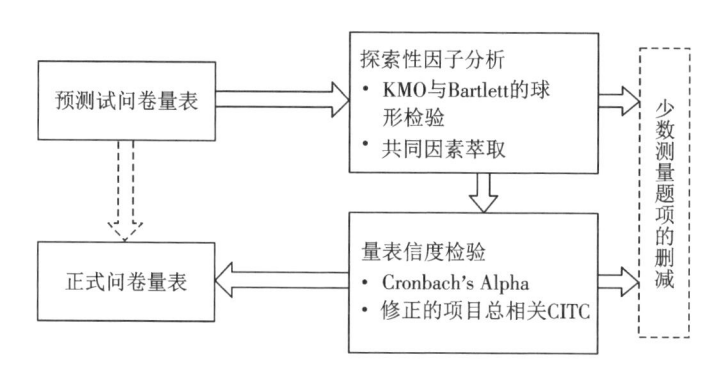

图 4-2 预测试问卷到正式问卷过程图

资料来源：根据吴明隆（2010）研究整理。

（一）探索性因子分析

在本书的预测试问卷中，分量表包括供应链环保合作量表（包括供应商环保合作和客户环保合作）、管理者对环境的关注量表、企业间人际关系量表、企业绿色创新量表（包括绿色产品创新、绿色管理创新和绿色流程创新）、环境不确定性量表、企业绩效量表（包括环境绩效和竞争优势）。为了确定问项的保留与否，采用 KMO 值和显著性检验对量表的结构效度进行检验。需要说明的是，预测试在对管理者对环境的关注进行测试时，将前面四个问项采取反向编码的方式，因此，在下面对数据进行分析时，将反向问项的回答进行了反转，即将 1→7，2→6，3→5，选择 4 的不变，从而便于将反向问项与正向问项一起分析。

(1) 供应链环保合作分量表的探索性因素分析

在前面的研究设计中，笔者根据理论学习和企业访谈将本书中的供应链环保合作分解为两个构念，即来自上游的供应商环保合作与来自下游的客户环保合作。为了进行该分量表的因素分析，首先需要确定该量表题项是否适合进行因素分析，因此将全部的十二个题项纳入到因素分析中，先检验 KMO（Kaiser-Meyer-Olkin；取样适切性量数）与 Bartlett 的球形检验，得到的结果如表 4-8 所示：

表 4-8 供应链环保合作的 KMO 与 Bartlett 检验结果表

检验项		结果
KMO（Kaiser-Meyer-Olkin）		0.811
Bartlett 球体检验	近似卡方	457.512
	df	66
	sig.	0.000

由上表可见，KMO 值为 0.811>0.8，说明变量间存在共同因素，量表项适合进行因素分析。同时，Bartlett 球体检验的卡方值为 457.512，自由度为 66，达到了 0.05 的显著水平，也说明了量表项适合进行因素分析。

在因素分析中，限定萃取 2 个共同因素，并采用直交转轴的最大变异法。结果显示萃取的两个共同因素转轴后的特征值分别为 4.141 和 3.725，两个共同因素可以解释全部测量题项 65.551% 的变异量，如表 4-9 所示：

表 4-9 供应链环保合作因素解释的总变异量表

成分	初始特征值			提取平方和载入			旋转平方和载入		
	合计	方差的%	累积%	合计	方差的%	累积%	合计	方差的%	累积%
1	6.241	52.008	52.008	6.241	52.008	52.008	4.141	34.510	34.510
2	1.625	13.543	65.551	1.625	13.543	65.551	3.725	31.041	65.551

提取方法：主成分分析。

为了确定量表的题项中有哪些可能被删除，需要参考转轴后的成分矩阵，如表 4-10 所示：

表 4-10 供应链环保合作转轴后的成分矩阵表

测量题项	成分 1	成分 2
ECC_03	**0.887**	0.140
ECC_04	**0.835**	0.284
ECC_05	**0.816**	0.293
ECC_06	**0.809**	0.217
ECC_01	**0.719**	0.268
ECS_02	**0.555**	0.274
ECS_06	0.198	**0.877**
ECS_05	0.294	**0.756**
ECS_03	0.250	**0.750**
ECS_04	0.195	**0.744**
ECC_02	0.208	**0.719**
ECS_01	0.491	**0.609**

提取方法：主成分。旋转法：具有 Kaiser 标准化的正交旋转法。

从表 4-10 可见，十二个测量题项提取出了两个共同因素，两者的因素负荷量如表中黑体数字所示。其中，在第一个共同因素中，包含 ECS_02 测量题项，即在供应链客户环保合作中包含一个供应商环保合作的题项。因此，考虑将该测量题项删除。同样，在第二个共同因素中，包含 ECC_02 测量题项，即在供应链供应商环保合作中包含一个客户环保合作的题项。因此，也考虑将该题项删除。删除该两个题项后，再次进行因素分析，得到的成分矩阵表如表 4-11 所示：

表 4-11 题项删除后的供应链环保合作转轴后的成分矩阵表

测量题项	成分 1	成分 2
ECC_03	**0.896**	0.154
ECC_04	**0.833**	0.280
ECC_05	**0.826**	0.302
ECC_06	**0.798**	0.221
ECC_01	**0.728**	0.302
ECS_06	0.188	**0.891**
ECS_03	0.225	**0.813**
ECS_04	0.185	**0.753**
ECS_05	0.302	**0.734**
ECS_01	0.478	**0.625**

提取方法：主成分。旋转法：具有 Kaiser 标准化的正交旋转法。

由表 4-11 所示，萃取出的两个构念各包括五个测量题项，且每个测量题项的因子载荷均大于 0.6，因此，对于供应链环保合作最终保留的测量题项有 10 项。

(2) 管理者对环境的关注分量表的探索性因素分析

预测试问卷中，管理者对环境的关注分量表共包括 9 个测量题项，通过 KMO 与 Bartlett 检验，KMO 值为 0.799＞0.7，说明变量间存在共同因素，因此本量表项适合进行因素分析。同时，Bartlett 球体检验的卡方值为 205.255，自由度为 36，达到了 0.05 的显著水平，也说明了量表项适合进行因素分析。具体结果如表 4-12 所示：

表 4-12　管理者对环境的关注的 KMO 与 Bartlett 检验结果表

检验项		结果
KMO (Kaiser-Meyer-Olkin)		0.799
Bartlett 球体检验	近似卡方	205.255
	df	36
	sig.	0.000

在因素分析中，限定萃取 1 个共同因素，并采用直交转轴的最大变异法。结果显示萃取的 1 个共同因素的特征值为 4.155，该共同因素可以解释全部测量题项 46.167% 的变异量，如表 4-13 所示：

表 4-13　管理者对环境的关注的因素解释的总变异量表

成分	初始特征值			提取平方和载入		
	合计	方差的%	累积%	合计	方差的%	累积%
1	4.155	46.167	46.167	4.155	46.167	46.167

提取方法：主成分分析。

为了确定量表中是否有需要删减的题项，需要参考成分矩阵，因为只抽取了一个共同因素，所以无法旋转，因此参照未旋转成分矩阵表即可。如表 4-14 所示：

表 4-14 管理者对环境的关注的成分矩阵表

测量题项	成分
	1
MC_01	0.181
MC_02	0.763
MC_03	0.537
MC_04	0.604
MC_05	0.707
MC_06	0.830
MC_07	0.720
MC_08	0.803
MC_09	0.733

提取方法：主成分。

由表 4-14 所见，MC_01 的因子负荷只有 0.181<0.5，考虑将该指标删除。因此，通过因子分析，管理者对环境的关注量表，暂时保留 8 个测量题项。

（3）企业间人际关系分量表的探索性因素分析

通过 KMO 与 Bartlett 检验，企业间人际关系的 KMO 值为 0.777>0.7，说明变量间存在共同因素，因此量表项适合进行因素分析。同时，Bartlett 球体检验的卡方值为 103.552，自由度为 6，达到了 0.05 的显著水平，也说明了量表项适合进行因素分析。具体结果如表 4-15 所示：

表 4-15 企业间人际关系的 KMO 与 Bartlett 检验结果表

检验项		结果
KMO（Kaiser-Meyer-Olkin）		0.777
Bartlett 球体检验	近似卡方	103.552
	df	6
	sig.	0.000

在因素分析中，限定萃取 1 个共同因素，并采用直交转轴的最大变异法。结果显示萃取的 1 个共同因素的特征值为 2.751，该共同因素可以解释全部测量题项 68.763% 的变异量，结果如表 4-16 所示：

表4-16　企业间人际关系的因素解释的总变异量表

成分	初始特征值			提取平方和载入		
	合计	方差的%	累积%	合计	方差的%	累积%
1	2.751	68.763	68.763	2.751	68.763	68.763

提取方法：主成分分析。

进行主成分分析后，发现每个测量题项的因子载荷均大于0.6以上。因此，企业间人际关系的四个测量题项均可保留。具体结果如表4-17所示：

表4-17　企业间人际关系的成分矩阵表

测量题项	成分
	1
IR_01	0.914
IR_02	0.863
IR_03	0.827
IR_04	0.698

提取方法：主成分。

（4）企业绿色创新分量表的探索性因素分析

在前面的研究设计中，笔者根据理论学习和企业访谈将本书中的绿色创新分解为三个构念，即绿色产品创新、绿色流程创新和绿色管理创新。

首先，对绿色创新进行KMO与Bartlett检验，结果显示KMO值为0.769＞0.7，说明变量间存在共同因素，因此量表项适合进行因素分析。同时，Bartlett球体检验的卡方值为333.101，自由度为66，达到了0.05的显著水平，也说明了量表项适合进行因素分析。具体如表4-18所示：

表4-18　绿色创新的KMO与Bartlett检验结果表

检验项		结果
KMO（Kaiser-Meyer-Olkin）		0.769
Bartlett球体检验	近似卡方	333.101
	df	66
	sig.	0.000

随后，萃取三个共同因素转轴分析。结果显示三个因素转轴后的特征

值分别为 2.857、2.716 和 2.613，三个共同因素可以解释全部测量题项 68.219% 的变异量，如表 4-19 所示：

表 4-19 绿色创新因素解释的总变异量表

成分	初始特征值			提取平方和载入			旋转平方和载入		
	合计	方差的%	累积%	合计	方差的%	累积%	合计	方差的%	累积%
1	4.548	37.901	37.901	4.548	37.901	37.901	2.857	23.804	23.804
2	1.861	15.505	53.406	1.861	15.505	53.406	2.716	22.636	46.440
3	1.778	14.813	68.219	1.778	14.813	68.219	2.613	21.778	68.219

提取方法：主成分分析。旋转法：具有 Kaiser 标准化的正交旋转法。

最后，对绿色创新变量进行因素分析，得到的成分矩阵表如表 4-20 所示：

表 4-20 绿色创新的成分矩阵表

测量题项	成分		
	1	2	3
GI_01	0.108	0.067	**0.863**
GI_02	0.122	0.061	**0.811**
GI_03	0.200	0.296	**0.578**
GI_04	0.075	0.164	**0.773**
GI_05	**0.783**	0.025	0.385
GI_06	**0.798**	0.254	0.037
GI_07	**0.844**	0.139	0.094
GI_08	**0.836**	0.119	0.105
GI_09	0.223	**0.732**	-0.011
GI_10	0.096	**0.723**	0.211
GI_11	-0.033	**0.873**	0.225
GI_12	0.250	**0.821**	0.115

提取方法：主成分；旋转法：具有 Kaiser 标准化的正交旋转法。

从表 4-20 可见，十二个测量题项提取出了三个共同因素，三者的因素负荷量如表中黑体数字所示。其中，除了 GI_03 的因素负荷量为 0.578，稍微偏小之外，其他的全部大于 0.7。根据以往文献，因素负荷量取舍的标准为 0.45 以上（吴明隆，2010），因此，保留该分量表的全部 12 项问项。

（5）环境不确定性分量表的探索性因素分析

如前所述，环境的不确定性可以从市场的不确定性和技术的不确定性两方面来测量。本部分通过 KMO 等检验判断测量题项是否可以如前所述从两方面来测量环境的不确定性。

环境不确定性量表的 KMO 与 Bartlett 检验结果显示：KMO 值为 0.813>0.8，说明变量间存在共同因素，因此量表项适合进行因素分析。同时，Bartlett 球体检验的卡方值为 167.771，自由度为 21，达到了 0.05 的显著水平，也说明了量表项适合进行因素分析。具体结果如表 4-21 所示：

表 4-21 环境不确定性量表的 KMO 与 Bartlett 检验结果表

检验项		结果
KMO（Kaiser-Meyer-Olkin）		0.813
Bartlett 球体检验	近似卡方	167.771
	df	21
	sig.	0.000

考虑从市场不确定性和技术不确定性两方面来考察环境的不确定性，因此在因素分析中，限定萃取 2 个共同因素，并采用直交转轴的最大变异法。结果显示萃取的两个共同因素转轴后的特征值分别为 3.494 和 1.302，两个共同因素可以解释全部测量题项 68.514% 的变异量，如表 4-22 所示：

表 4-22 环境不确定性因素解释的总变异量表

成分	初始特征值			提取平方和载入			旋转平方和载入		
	合计	方差的%	累积%	合计	方差的%	累积%	合计	方差的%	累积%
1	3.688	52.690	52.690	3.688	52.690	52.690	3.494	49.910	49.910
2	1.108	15.824	68.514	1.108	15.824	68.514	1.302	18.604	68.514

提取方法：主成分分析。

为了确定量表中是否有题项需要被删减，需要参考转轴后的成分矩阵，如表4-23所示：

表4-23 环境不确定性转轴后的成分矩阵表

测量题项	成分	
	1	2
UC_07	**0.882**	−0.020
UC_01	**0.822**	0.141
UC_04	**0.822**	0.093
UC_06	**0.701**	−0.076
UC_02	**0.687**	0.494
UC_03	**0.630**	0.445
UC_05	−0.066	**0.908**

提取方法：主成分；旋转法：具有Kaiser标准化的正交旋转法。

从表4-23可见，尽管在萃取时选择限定萃取两个共同因素，但是萃取出的因素项目载荷并不是太理想，其中UC_05在第二个共同因素中因素负荷量最大为0.908，而且从因素载荷量来看，第二个共同因素只包含UC_05一个测量题项，因此参照吴明隆（2010）的做法，考虑先将该题项删除。重新进行因素分析后，得到的成分矩阵如表4-24所示：

表4-24 题项删除后的环境不确定性转轴后的成分矩阵表

测量题项	成分	
	1	2
UC_06	**0.803**	0.087
UC_04	**0.782**	0.349
UC_07	**0.778**	0.404
UC_01	0.639	**0.533**
UC_03	0.204	**0.861**
UC_02	0.300	**0.852**

提取方法：主成分。旋转法：具有Kaiser标准化的正交旋转法。

可以看到，将UC_05题项删除后，经过转轴萃取出的两个共同因素各包含三个测量题项。尽管 UC_01 在两个共同因素中的载荷量都较高，在第一个共同因素中的载荷量还大于第二个共同因素中的载荷，但是出于前述的理论界定及后续分析需要，而且该题项在第二个共同因素中的载荷量为 0.533>0.45（删除项目的临界点）。因此，继续将该测量题项保留为第二个共同因素中的测量题项。环境不确定性最终保留的测量题项为 6 项。

（6）企业绩效分量表的探索性因素分析

由于环境绩效和竞争优势都可以纳入到企业的绩效中，因此将两者的量表问项综合在一起进行分析。两者共 10 个测量题项纳入到因素分析中。

企业绩效量表的 KMO 与 Bartlett 检验结果显示：KMO 值为 0.815>0.8，说明变量间存在共同因素，因此该量表项适合进行因素分析。同时，Bartlett 球体检验的卡方值为 301.507，自由度为 45，达到了 0.05 的显著水平，也说明了量表项适合进行因素分析。具体结果如表 4-25 所示：

表 4-25 企业绩效量表的 KMO 与 Bartlett 检验结果表

检验项		结果
KMO（Kaiser-Meyer-Olkin）		0.815
Bartlett 球体检验	近似卡方	301.507
	df	45
	sig.	0.000

在因素分析中，限定萃取 2 个共同因素，并采用直交转轴的最大变异法。结果显示萃取的两个共同因素转轴后的特征值分别为 3.657 和 2.559，两个共同因素可以解释全部测量题项 62.158% 的变异量，如表 4-26 所示：

表 4-26 企业绩效量表因素解释的总变异量表

成分	初始特征值			提取平方和载入			旋转平方和载入		
	合计	方差的%	累积%	合计	方差的%	累积%	合计	方差的%	累积%
1	4.924	49.238	49.238	4.924	49.238	49.238	3.657	36.573	36.573
2	1.292	12.920	62.158	1.292	12.920	62.158	2.559	25.585	62.158

提取方法：主成分分析。

转轴后的成分矩阵，如表 4-27 所示：

表 4-27　企业绩效量表转轴后的成分矩阵表

测量题项	成分 1	成分 2
EP_04	**0.889**	0.204
EP_03	**0.869**	0.164
EP_01	**0.810**	0.238
EP_02	**0.778**	0.345
EP_05	**0.733**	0.291
CA_05	0.085	**0.783**
CA_01	0.335	**0.720**
CA_04	0.120	**0.646**
CA_02	0.304	**0.630**
CA_03	0.293	**0.533**

提取方法：主成分。旋转法：具有 Kaiser 标准化的正交旋转法。

表 4-27 可见，十个测量题项提取出了两个共同因素，每个共同因素中的因子负荷都大于 0.45，具体的因素负荷量如表中黑体数字所示。因此，本分量表没有需要删除的题项，保留原有的十项题项。

（二）预测试问卷的信度检验

上述通过因素分析，确定了可能删减的题项包括：ECS_02、ECC_02、MC_01、UC_05，为了进一步验证该几项是否需要删除，本部分将通过信度检验进一步对预测试问卷的可靠性进行验证。吴明隆（2010）认为判断一份量表的内部信度是否一致的标准可以用量表的信度系数 Cronbach's α 来衡量，这也是目前对信度进行检验的使用最广泛的衡量指标。对总量表来说，α 的值最好在 0.8 以上，对分量表来说，α 的值最好在 0.7 以上，否则，则考虑对问项中的题项进行增设或删减，单个项目问项的删减一般是根据修正的项目总相关（CITC：Corrected Item Total Correlation）值，若该值越高，表明该题项与其他几个题项之间的内部一致性越高，否则，内部一致性就越低。一般对题项的删减标准有两个：①删除了某个测量指标即问项后的 Cronbach's α 大于没删除该指标时变量的 Cronbach's α 值；②修正的项目总相关系数 CITC 值小于 0.4 的指标。经过计算，本书预测试问卷的Cronbach's α和CITC值如表4-28所示：

表4-28 初始问卷信度分析结果

构念	题项	修正的项目总相关（CITC）	项目删除时的Cronbach's Alpha值	分量表的Cronbach's Alpha值
供应商环保合作	ECS_01	0.689	0.803	0.841
	ECS_02	0.388	0.871	
	ECS_03	0.698	0.798	
	ECS_04	0.611	0.818	
	ECS_05	0.659	0.808	
	ECS_06	0.764	0.788	
客户环保合作	ECC_01	0.661	0.858	0.876
	ECC_02	0.383	0.908	
	ECC_03	0.786	0.839	
	ECC_04	0.813	0.832	
	ECC_05	0.801	0.833	
	ECC_06	0.710	0.851	
企业间人际关系	IR_01	0.671	0.809	0.846
	IR_02	0.817	0.742	
	IR_03	0.728	0.784	
	IR_04	0.526	0.868	
管理者对环境的关注	MC_01	0.148	0.861	0.832
	MC_02	0.679	0.801	
	MC_03	0.445	0.825	
	MC_04	0.498	0.819	
	MC_05	0.579	0.810	
	MC_06	0.721	0.795	
	MC_07	0.604	0.807	
	MC_08	0.707	0.795	
	MC_09	0.564	0.812	

（续表）

构念	题项	修正的项目总相关（CITC）	项目删除时的 Cronbach's Alpha 值	分量表的 Cronbach's Alpha 值
绿色创新	GI_01	0.457	0.841	0.849
	GI_02	0.435	0.843	
	GI_03	0.506	0.838	
	GI_04	0.446	0.842	
	GI_05	0.619	0.830	
	GI_06	0.576	0.833	
	GI_07	0.565	0.834	
	GI_08	0.556	0.835	
	GI_09	0.463	0.841	
	GI_10	0.495	0.839	
	GI_11	0.501	0.838	
	GI_12	0.600	0.831	
环境不确定性	UC_01	0.696	0.759	0.811
	UC_02	0.702	0.763	
	UC_03	0.611	0.776	
	UC_04	0.690	0.761	
	UC_05	0.131	0.871	
	UC_06	0.499	0.794	
	UC_07	0.685	0.760	
环境绩效	EP_01	0.755	0.888	0.907
	EP_02	0.762	0.888	
	EP_03	0.790	0.881	
	EP_04	0.840	0.869	
	EP_05	0.690	0.901	
竞争优势	CA_01	0.553	0.674	0.735
	CA_02	0.501	0.688	
	CA_03	0.459	0.712	
	CA_04	0.517	0.681	
	CA_05	0.492	0.693	
总量表的 Cronbach's Alpha 值			0.915	

由上表可见，所有的分量表的 Cronbach's Alpha 指标值全部达到适宜标准即>0.7，总量表的 Cronbach's Alpha 值为 0.915，因此，量表的内部一致性信度较好。但是，通过上表中各变量的项目修正总相关值和删除该项目后的 Cronbach's Alpha，也可以看到，预测试问卷量表可以进行少数测量题项的删除。具体如下：供应商环保合作中的测量题项 ESC_02 的修正项目总相关值为 0.388<0.4，删除该项目后的 Cronbach's Alpha 值为 0.871，大于该构念量表的 Cronbach's Alpha 值 0.841，说明去掉该题项后量表的信度会得到提升。因此，根据题项删减标准，考虑在后续分析中去掉该题项。客户环保合作中的测量题项 ECC_02 的修正项目总相关值为 0.383<0.4，删除该项目后的 Cronbach's Alpha 值为 0.908，大于该构念量表的 Cronbach's Alpha 值 0.876，说明去掉该题项后量表的信度会得到提升。因此，根据题项删减标准，考虑在后续分析中去掉该题项。管理者环境关注中的测量题项 MC_01 的修正项目总相关值为 0.148<0.4，删除该项目后的 Cronbach's Alpha 值为 0.861，大于该构念量表的 Cronbach's Alpha 值 0.832，因此，在后续分析中也考虑将该题项删去。此外，环境不确定性中的测量题项 UC_05 的修正项目总相关值为 0.131<0.4，删除该项目后的 Cronbach's Alpha 值为 0.871，大于该构念量表的 Cronbach's Alpha 值 0.811，因此，根据题项删减标准在后续分析中也考虑将其删除。结果显示，本部分删除的题项也与前面进行探索性因子分析的结果相一致。

三、量表修正

通过探索性因子分析和信度检验结果，为了使量表具备更好的结构并且拥有更优的内部一致性，笔者将预测试量表中的 ESC_02、ECC_02、MC_01、UC_05 四个测量题项删除。

此外，在预测试问卷中对管理者环境关注进行测量时，考虑了反向的编码，一是为了预防数据收集的共同方法偏差，二是希望能更完整地从正反两面对管理者的关注及其态度进行测量。但是通过预测试问卷返回的意见，多个问卷填写者对该部分的题项有很大的疑惑，企业人员认为这种反向的问项跟后面正向的问项题目其实差不多，而且容易让人产生迷惑。也有部分受访者并没有注意到此处的反向问项,因此在回答问题的时候并没有从反向来思考,从而有两种导致问卷失效的情况发生。一是在 MC_01 到 MC_09 全部采用高分值和低分值来回答,此种情况可以看到回答者并没有区分开来正反向的区别或者回答者可能存在不认真的情况,为了数据的严谨性,本书中将其定义为无效问卷(此种情况有 3 份问卷);二是在反向问卷部分出现没有回答的情况,因为预测试是采用纸质版问卷,所以即使该部分没有回答也可以继续回答后面的题项,也将这部分问卷定义为无效问卷(此种情况有 1 份问卷)。这也使笔者思考后续正式问卷的回答更多应该采用电子版方式,从而不会出现中间部分不填写的情况(电子版问卷在设计时可以选择如果不回答就无法继续答题,也无法提交)。因此,预测试问卷回收后,笔者注意到了受访者的反馈及数据上关于这一量表部分的缺陷。经过研究团队的探讨,同时也在征询了相关学者的意见后,决定取消管理者对环境的关注量表部分的反向问项,从而也避免了测量学家所提出的对同一量表中使用正反陈述题可能导致因素结构复杂化的问题(Weems 等,2003)。即对预测试问卷中的 MC_01、MC_02、MC_03、MC_04 测量项予以删除。

综上,对预测试问卷题项的修改如下,删除 ESC_02、ECC_02、UC_05、MC_01、MC_02、MC_03、MC_04 七个测量项目,此外,还根据问卷回答者的其他意见,对问卷语言的表达进行一定的修改,从而形成正式问卷。

第四节 正式问卷发放与数据收集

一、样本选择

本书主要选择中国珠三角和长三角两个经济区域的制造企业进行问卷发放和回收。选择该行业和两个区域的原因在于:第一,选择制造行业在于该行业的生产和运作活动对环境的影响巨大，第一章的背景介绍中也可以看出，不管从宏观的政策举措还是微观的企业行为，环保在这一行业领域的影响都是非常显著可见的；第二，从区域来看，珠三角经济区和长三角经济区是中国最早进入工业化的区域，也是中国制造业发展最为发达的两个区域，众多大中小企业集聚在这两大区域，对这两个区域的企业绿色创新及环保行为进行研究非常必要；第三，笔者所在的研究团队在这两个区域，尤其是广州和上海有较强的人缘优势，因此更有利于对这两个区域及其周边地区的企业进行访谈和问卷发放。但是，由于问卷发放过程中，也请一些关系较好的企业人员在与其有交互的其他企业进行发放，因此，除了主要的以上两个区域，也有部分受访企业来自其他区域。

二、问卷发放

正式问卷的发放通过以下几种方式进行：（1）在同学所读 EMBA 班（广东班和上海班）发放纸质问卷200份；（2）通过以前在企业工作的同事和认识的企业高层管理人员发放电子版问卷100份；（3）对大学校友录（深圳校友录）中的校友进行筛选，选取其中留下邮箱且是制造企业高层管理人员的校友发放邮箱问卷共91份；（4）通过现在学校任教同学的企业关系发放问卷20份；（5）通过广东省皮具行业协会、广东省工贸发展促进会、广州市白云区电子商务协会及物流协会发放问卷200份。最终，通过以上几种方式共发出正式问卷611份。

三、问卷回收

在问卷的回收上，为了使问卷更符合当前网络化发展趋势，本书使用了多种回收方式，问卷填写者可以采取：（1）通过电子邮件返回问卷；（2）通过二维码扫描直接手机填写问卷并提交；（3）通过网址登录填写并提交；（4）填写纸质版问卷并提交给问卷发放者。其中第二和第三种方式通过软件的设定，回答者必须回答完所有的问题才可以提交，从而减少了部分题项未回答的情况。同时，为了填写方便，纸质版问卷上也附上了电子版问卷的二维码，这也使研究者无法确定电子版问卷是否全来自所发出的电子版本，但并不妨碍问卷的发放和数据的回收。

最终，通过二维码和网页方式回收到的问卷总计 210 份，邮箱回收到问卷 30 份（显示邮箱无效或其他原因退回 18 份）；纸质版问卷 98 份。通过对回收到的问卷进行一份一份处理，将出现极端数据的问卷（如所有问题的回答全是同一个选项）予以删除，共删除 42 份。对于回答不完全的问卷（即数据不全者）也予以删除，共删除 25 份。因此，本书共发出问卷 611 份，回收问卷 338 份，回收率为 55.3%。剔除其中的无效问卷 67 份，共得到有效问卷 271 份，有效问卷率为 44.4%。

本章小结

本章首先对本书所使用的实证研究方法和过程进行了说明，随后详细解释了问卷的设计过程和每个变量的具体测量，并在预测试问卷发放和回收后对预测试数据进行了探索性因子分析（验证量表的结构效度）和量表的信度检验，通过检验结果和预测试问卷回答者的意见反馈，笔者对预测试问卷进行了修正，从而形成了正式问卷。最后，本章对正式问卷的样本选择、问卷方法和问卷回收进行了说明，以便为下一章的正式问卷数据统计和分析奠定基础。

第五章
数据分析与假设检验

通过上一章节的预测试和正式问卷发放及数据回收，共回收有效问卷271份，本章使用 AMOS20.0、SPSS20.0 及 SmartPLS2.0 软件对回收到的数据进行质量验证和统计分析，并验证第三章所提出的假设。

第一节　样本基本信息的描述性统计分析

本部分使用 SPSS20.0 对回收到的 271 份有效问卷进行描述性统计分析，主要涉及受访者的个人信息及企业的基本情况。首先分析接受调研者的个人信息，在 271 名接受调研的人员中，男性为 172 人，占比 63.5%，女性为 99 人，占比 36.5%。因为本书主要针对企业管理人员进行调研，明显可见男性要多于女性，这也与目前企业现状相符。年龄组别的分析可以看到 25～44 岁间的受访人员最多，其中 25～34 岁的受访者为 89 人，占比 32.8%，35～44 岁的受访者为 110 人，占比最高，为 40.6%。在受教育程度方面，可以看到大专学历的共 44 人，占比 16.2%，而大学本科所占比例最大，152 名本科学历的受试者，占比 56.1%，更高学历的受试者（包括硕士研究生和博士研究生）共 71 人，占比 26.2%。可见受试者中本科及以上学历者为大多数，普遍具备较高的教育素养。从在受访企业的工作年限来看，占比比较均匀，没有出现太大的差别。在受访者职位上，可以看到中高层管理人员占比最多,其中高层管理人员人数为90,占比33.2%,中层管理人员121人,占比为44.6%,两者总占比77.8%,由于中高层管理者工作经验较丰富,因此对问题的回答也将更加客观和全面。具体结果如表5-1所示:

表5-1 正式问卷中受试者的个人基本信息

变量	类别	样本量	百分比(%)	累计百分比(%)
性别	男	172	63.5	63.5
	女	99	36.5	100.0
年龄	25岁以下	28	10.3	10.3
	25~34岁	89	32.8	43.2
	35~44岁	110	40.6	83.8
	45~54岁	41	15.1	98.9
	55岁及以上	3	1.1	100.0
受教育程度	大专	44	16.2	16.2
	大学本科	152	56.1	72.3
	硕士研究生	63	23.2	95.6
	博士研究生	8	3.0	98.5
	其他	4	1.5	100.0
在该企业的工作年限	1年以内	58	21.4	21.4
	1~3年	53	19.6	41.0
	3~5年	44	16.2	57.2
	5~10年	50	18.5	75.6
	10年以上	66	24.4	100.0
目前职位	高层管理人员	90	33.2	33.2
	中层管理人员	121	44.6	77.9
	基层管理人员	45	16.6	94.5
	其他	15	5.5	100.0

随后,对调研人员所在企业的情况进行了描述性统计分析。发现样本有以下几个显著特征:第一,从企业规模来看,500人及以下的中小企业占

比为48.7%，约占总调查数的一半，这反映了中小企业在中国的重要地位；第二，纯国有性质的企业为57个，占比21.0%，其他大多数都为私营企业或外企或中外合资企业，这也符合样本的地域特征，即长三角地区和珠三角地区作为中国改革开放的重点区域，外商格外青睐，民营经济和私有经济得到蓬勃发展；第三，样本数据比较均匀地分布在计算机与通信设备、电子与电气设备等不同的行业；第四，从企业年龄来看，5年以下的企业为24，占比8.9%，而20年及以上的企业88个，占比为32.5%，相对而言，本书调研的样本企业更多地熬过了创立最初的五年，因此对诸如环保等方面的管理和创新有着更加丰富的经验，也更有利于加强研究成果对实践的指导作用；第五，尽管本书在选择样本发放区域时主要选择广州及周边的其他珠三角城市，上海及周边的其他长三角城市，这两个地区收到的样本数据为232份，占比85.6%，但是也收到了来自其他地区（包括部分环渤海地区的企业和其他地区企业）的企业数据39份，在没有对地区企业进行对比分析的前提下，笔者将所有地区的企业纳入后续的样本数据分析中。受试企业的基本信息如表5-2所示：

表5-2 正式问卷中受试企业的基本信息

变量	类别	样本量	百分比（%）	累计百分比（%）
现有雇员人数	200人以下	87	32.1	32.1
	201～500人	45	16.6	48.7
	501～1000人	44	16.2	64.9
	1001～3000人	28	10.3	75.3
	3001～5000人	14	5.2	80.4
	5000人以上	53	19.6	100.0
企业所属经营性质	国有/国有控股	57	21.0	21.0
	私有/民营控股	126	46.5	67.5
	外资	58	21.4	88.9
	中外合资	11	4.1	93.0
	其他	19	7.0	100.0

（续表）

变量	类别	样本量	百分比（%）	累计百分比（%）
企业所属行业	计算机与通信设备	54	19.9	19.9
	生物与制药	39	14.4	34.3
	电子和电气设备	61	22.5	56.8
	化工	41	15.1	72.0
	交通运输设备及新型材料	45	16.6	88.6
	其他	31	11.4	100.0
企业年龄	5年及以下	24	8.9	8.9
	6～10年	47	17.3	26.2
	11～15年	57	21.0	47.2
	16～20年	55	20.3	67.5
	20年及以上	88	32.5	100.0
企业所在地区	珠三角地区	151	55.7	55.7
	长三角地区	81	29.9	85.6
	其他地区	39	14.4	100.0

第二节 样本数据质量评估

在对分析数据验证假设之前，需要对回收到的数据进行质量评估。对于调研问卷所获得的数据来说，未回复偏差和共同方法偏差是两个比较容易出现的问题，因此要对其进行控制。

一、未回复偏差

在我们的调研过程中，共发放了611份，实际回收到的问卷338份（包括有效问卷和无效问卷），回收率为55.3%，还有众多未回复者，因此，笔者进行了未回复偏差的检验,参照以往学者的建议和做法,选择最先回复的 40 份样本和最后收到的 40 份样本进行独立 t 检验,以判断两批样本之间是否有显著差异(Mohr 和 Spekman,1994;吴明隆,2010)。统计结果如表 5-3 所示。

表 5-3 未回复偏差的 t 检验

变量	检验	方差方程的 Levene 检验		均值方程的 t 检验			差分的 95% 置信区间	
		F 检验	显著性	t	自由度 df	显著性	下限	上限
规模	齐次	1.324	0.253	0.237	78	0.813	−0.739	0.939
	非齐次			0.237	77.047	0.813	−0.739	0.939
行业	齐次	0.071	0.790	−0.378	78	0.706	−0.940	0.640
	非齐次			−0.378	77.725	0.706	−0.940	0.640
年龄	齐次	1.822	0.181	0.706	78	0.482	−0.409	0.859
	非齐次			0.706	77.431	0.482	−0.409	0.859

如表 5-3 所见,从企业规模、企业所处行业和企业年龄对前后收到的 80 份样本进行对比分析(最先收到的 40 份和最后收到的 40 份)。在假设方差相等(齐次)的情况下,企业规模的 Levene 检验显示 $F=1.324$,显著性 $p>0.05$,这表示前后两组样本方差同质,相对应的 t 检验中 $t=0.237$,自由度 d$f=78$,$p=0.813>0.05$,差分的 95% 置信区间包含 0 在内。因此两组数据在企业规模上并没有显著差异。同理两组数据在所处行业和企业年龄上也没有显著差异。这说明本书研究调研中的未回复偏差不明显,可以忽略。

二、共同方法偏差

由于调查问卷中的所有题项都是由同一个受访者答复,因此有可能出现共同方法偏差。以往研究表明,程序控制和统计控制是两种常用的共同方法偏差控制方法(Liang 等,2007;Min 等,2016)。程序控制可以通过控制潜在的误差源来减少误差。在程序控制上,首先体现在设计问卷时,通过对问卷语言表达的反复更正和修改以尽量减少语言歧义的偏见,达到降低语境模糊性可能带来的偏差。其次,匿名的问卷回答方式也可以减少那些由回答者心理因素所带来的动机性误差。统计控制是指通过统计手段，减少方法变异对研究结果的影响（熊红星等，2012）。目前常见的对共同方法偏差进行控制的统计方法包括 Harmon 的单因素法（Podsakoff 和 Organ，1986）、偏相关法、潜在误差变量控制法等（周浩和龙立荣，2004）。

为了验证研究数据是否存在共同方法偏差问题，首先采用 Harman 的单因素法进行了统计检验。未旋转的因子分析结果表明，KMO 值为 0.872，卡方值为 7066.054，自由度为 1081，显著性水平为 0.000，且单个因子最大方差贡献率为 26.102%。因此，研究的共同方法偏差在可接受的范围内。尽管如此，由于 Harman 单因素法被认为在检验时并不太灵敏（Podsakoff 等，2003；周浩和龙立荣，2004）。因此参照 Podsakoff 等人（2003）和 Liang 等人（2007）的研究，使用潜在误差变量控制法中的控制未测单一潜变量法进行进一步验证。首先，创建了一个 PLS 模型，在这个模型中，将所有测量指标项分别载入其原始结构和未测量的方法因子。随后，在每一个单一指标构件中，分别检查了实体构件和方法构件的路径系数，这两个路径系数等价于观察指标在实体构件和方法构件上的因子载荷，并被用于评估常见的方法偏差的存在（Liang 等，2007）。经过 PLS 运算，结果如表 5-4 所示：

表 5-4 共同方法偏差分析结果

变量	测量指标	初始因子载荷（R_1）	R_1^2	方法因子载荷（R_2）	R_2^2
供应商环保合作	ECS_01	0.9034***	0.8161	−0.0876	0.0077
	ECS_02	0.7931***	0.6290	0.0517	0.0027
	ECS_03	0.8633***	0.7453	−0.0612	0.0037
	ECS_04	0.8462***	0.7161	0.0161	0.0003
	ECS_05	0.7104***	0.5047	0.0858	0.0074
客户环保合作	ECC_01	0.7557***	0.5711	0.0436	0.0019
	ECC_02	0.7284***	0.5306	0.1495*	0.0224
	ECC_03	0.9169***	0.8407	−0.0468	0.0022
	ECC_04	0.8811***	0.7763	−0.0425	0.0018
	ECC_05	0.8903***	0.7926	−0.1059	0.0112

（续表）

变量	测量指标	初始因子载荷（R_1）	R_1^2	方法因子载荷（R_2）	R_2^2
管理者对环境的关注	MC_01	0.6974***	0.4864	0.0471	0.0022
	MC_02	0.7868***	0.6191	0.0086	0.0001
	MC_03	0.8620***	0.7430	−0.0522	0.0027
	MC_04	0.8352***	0.6976	−0.0751	0.0056
	MC_05	0.6978***	0.4869	0.0799	0.0064
企业间人际关系	IR_01	0.6710***	0.4502	−0.0558	0.0031
	IR_02	0.7250***	0.5256	0.0023	0.0000
	IR_03	0.8254***	0.6813	0.0496	0.0025
	IR_04	0.8450***	0.7140	−0.0076	0.0001
绿色产品创新	GI_01	0.9222***	0.8505	−0.1170*	0.0137
	GI_02	0.8274***	0.6846	0.0313	0.0010
	GI_03	0.8297***	0.6884	−0.0193	0.0004
	GI_04	0.7591***	0.5762	0.1020	0.0104
绿色流程创新	GI_05	0.7521***	0.5657	0.1227	0.0151
	GI_06	0.8895***	0.7912	−0.0691	0.0048
	GI_07	0.8960***	0.8028	−0.0703	0.0049
	GI_08	0.7137***	0.5094	0.0167	0.0003
绿色管理创新	GI_09	0.7191***	0.5171	−0.0277	0.0008
	GI_10	0.8386***	0.7032	−0.0302	0.0009
	GI_11	0.8441***	0.7125	0.0109	0.0001
	GI_12	0.8054***	0.6487	0.0410	0.0017
市场不确定性	UC_01	0.8896***	0.7914	−0.0114	0.0001
	UC_02	0.9131***	0.8338	−0.0602	0.0036
	UC_03	0.7954***	0.6327	0.0822	0.0068
技术不确定性	UC_04	0.8708***	0.7583	−0.0315	0.0010
	UC_05	0.5888***	0.3467	0.0897	0.0080
	UC_06	0.8162***	0.6662	−0.0374	0.0014

（续表）

变量	测量指标	初始因子载荷（R_1）	R_1^2	方法因子载荷（R_2）	R_2^2
环境绩效	EP_01	0.7389***	0.5460	0.0652	0.0043
	EP_02	0.8648***	0.7479	−0.0121	0.0001
	EP_03	0.8608***	0.7410	−0.0045	0.0000
	EP_04	0.7971***	0.6354	−0.0282	0.0008
	EP_05	0.7828***	0.6128	−0.0202	0.0004
竞争优势	CA_01	0.8240***	0.6790	−0.0279	0.0008
	CA_02	0.8396***	0.7049	−0.0073	0.0001
	CA_03	0.7781***	0.6054	0.0249	0.0006
	CA_04	0.7267***	0.5281	−0.0132	0.0002
	CA_05	0.7078***	0.5010	0.0251	0.0006
平均值		0.8048	0.6533	0.0005	0.0035

由表5-4可以看到，初始因子载荷R_1代表所有测量指标在原始变量上的因子载荷，全部都在0.001的水平上显著，而方法因子载荷R_2代表所有测量指标在方法变量上的因子载荷，除了GI_01和ECC_02的因子载荷在0.05的水平上显著，其他因子在方法变量上的载荷都不显著。同时，根据Williams等（2003）的研究，方法因子载荷的平方值被解释为由方法带来的指标变异，而实际变量的载荷平方被解释为由实际变量所带来的指标变异，一旦方法因子载荷不显著，而实际的指标差异要比方法指标差异大很多，则可认为共同方法偏差不严重，可以忽视。在本书研究中，可以看到，R_1^2的均值为0.6533，R_2^2的均值为0.0035，前者是后者的186.66倍。因此，综上所述，本书研究中的共同方法偏差不严重，对后续分析不会造成影响。

第三节 信度与效度检验

信度检验和效度检验是样本数据进行路径分析和假设检验之前必须进行的检验。其中，信度检验是对量表的可靠性和稳定性进行的分析，其表示的是测量结果是否具有重复性，以及数据与平均值是否有差异。而效度检验是检验样本数据是否能准确测出所需测量的事物的程度，其表示的是样本数据与理想值是否存在差异，若差异程度越大，则效度越低（李怀祖，2004）。

一、信度检验

信度检验主要是用来判断测量指标与其他不同测量指标的一致性程度。使用李克特量表方法进行研究时，其信度检验常见的方法有折半信度（Split-half reliability）和克隆巴赫a（Cronbach'a）。但在对内部一致性进行测量时，Cronbach'a 要优于折半信度，所以在社会科学领域中，它的使用率也更广泛（吴明隆，2010）。在多选项量表中，内部一致性尤其重要，因为其反映了每一个量表是否测量的是同一个构念。同上一章，笔者将通过检验 Cronbach'a 和修正的项目总相关（CITC）值来对量表信度进行检验。通过计算，各构念量表的内部一致性信度如表5-5所示：

表5-5 正式问卷量表的信度检验结果

构念	题项	修正的项目总相关（CITC）	项目删除时的Cronbach's Alpha 值	量表的Cronbach's Alpha 值	组合信度
供应商环保合作	ECS_01	0.739	0.850	0.881	0.914
	ECS_02	0.726	0.853		
	ECS_03	0.709	0.857		
	ECS_04	0.761	0.845		
	ECS_05	0.646	0.871		

（续表）

构念	题项	修正的项目总相关（CITC）	项目删除时的 Cronbach's Alpha 值	量表的 Cronbach's Alpha 值	组合信度
客户环保合作	ECC_01	0.739	0.850	0.890	0.919
	ECC_02	0.726	0.853		
	ECC_03	0.709	0.857		
	ECC_04	0.761	0.845		
	ECC_05	0.646	0.871		
企业间人际关系	IR_01	0.449	0.773	0.770	0.852
	IR_02	0.524	0.740		
	IR_03	0.658	0.665		
	IR_04	0.672	0.656		
管理者对环境的关注	MC_01	0.572	0.818	0.834	0.884
	MC_02	0.656	0.796		
	MC_03	0.704	0.781		
	MC_04	0.654	0.796		
	MC_05	0.595	0.814		
绿色产品创新	GI_01	0.717	0.804	0.854	0.874
	GI_02	0.714	0.806		
	GI_03	0.675	0.823		
	GI_04	0.678	0.822		
绿色流程创新	GI_05	0.673	0.778	0.829	0.859
	GI_06	0.694	0.766		
	GI_07	0.716	0.755		
	GI_08	0.548	0.831		
绿色管理创新	GI_09	0.515	0.819	0.810	0.849
	GI_10	0.655	0.751		
	GI_11	0.693	0.731		
	GI_12	0.666	0.743		

(续表)

构念	题项	修正的项目总相关（CITC）	项目删除时的 Cronbach's Alpha 值	量表的 Cronbach's Alpha 值	组合信度
市场不确定性	UC_01	0.722	0.738	0.832	0.886
	UC_02	0.773	0.688		
	UC_03	0.590	0.869		
技术不确定性	UC_04	0.589	0.356	0.649	0.790
	UC_05	0.315	0.722		
	UC_06	0.493	0.503		
环境绩效	EP_01	0.666	0.839	0.863	0.902
	EP_02	0.718	0.826		
	EP_03	0.749	0.819		
	EP_04	0.650	0.843		
	EP_05	0.640	0.847		
竞争优势	CA_01	0.667	0.792	0.832	0.884
	CA_02	0.703	0.778		
	CA_03	0.663	0.789		
	CA_04	0.564	0.818		
	CA_05	0.574	0.815		
总量表的 Cronbach's Alpha 值				0.922	

根据吴明隆（2010）的说明，修正的项目总相关（CITC：Corrected Item Total Correlation）值越高，表明该题项与其他几个题项之间的内部一致性越高，否则，内部一致性就越低；此外，上表中的"项目删除时的 Cronbach's Alpha 值"也能说明量表内部一致性的高低。若删除该项后所得的 Cronbach'a 值低于分量表的 Cronbach'a 值，则说明这些题项的内部一致性较好。从上表可见，除了技术不确定性的 Cronbach'a 值为 0.649＜0.7（以往研究表明：Cronbach'a 的值在 0.6～0.7 之间也可以接受），其他 a 值都大于 0.7。此外，上表也显示有几个修正项目总相关数较低，而该项目删除时的 Cronbach's Alpha 值要大于各分量表的 a 值，如果将这些项目去掉，

量表的内部一致性将更加好，但是考虑到研究的需要及分量表 a 值达到了可接受的水平，笔者选择在后续分析中继续保留这些测量项。同时，组合信度也进一步证实了量表的信度检验得以通过。根据上表，总体来说，研究量表的内部一致性较好。

二、效度检验

在管理及运作领域，对效度的检验主要涉及两方面：一是内容效度；二是构念效度。本书通过以下工作来确保量表的内容效度：(1) 采用的都是已有成熟量表，这些量表来自国内外较知名的期刊和作者，且已被众多学者所使用和验证；(2) 广泛听取领域相关教授、学者及企业专家的意见并对量表及问项进行多轮翻译再翻译以使题项更加准确，并且更加本土化；(3) 在正式问卷发放之前，通过预测试及其反馈进一步修正量表。因此，量表的内容效度得到保证。

构念效度主要从两方面进行：(1) 聚合效度：通过测量 AVE 的值来进行判断，若 AVE 大于 0.5，说明聚合效度较好；(2) 区别效度：通过将某个变量 AVE 的平方根与该变量与其他变量的相关系数进行比较，若 AVE 的平方根大于该变量与其他所有变量的相关系数，则说明区别效度检验通过。通过计算，正式问卷量表的效度检验结果如表 5-6 所示：

表 5-6 正式问卷量表的效度检验结果

变量	最小因子载荷	AVE	AVE 的平方根
供应商环保合作	0.771	0.680	0.825
客户环保合作	0.786	0.697	0.835
企业间人际关系	0.662	0.593	0.770
管理者对环境的关注	0.774	0.605	0.778
绿色产品创新	0.766	0.634	0.796
绿色流程创新	0.695	0.605	0.778
绿色管理创新	0.692	0.585	0.765
市场不确定性	0.746	0.724	0.851
技术不确定性	0.708	0.557	0.747
环境绩效	0.766	0.650	0.806
竞争优势	0.716	0.603	0.777

由上表可见，最小因子载荷全部＞0.5，AVE 全部＞0.5，因此，量表的聚合效度较好。

表 5-7 列出了所有变量的均值、标准差和相关系数，同时，通过该表格帮助了我们对区别效度进行检验。表中对角线数字为 AVE 均方根，其他数值为两两变量之间的相关系数，可以看到，AVE 的均方根大于任何一个变量与其他变量的两两相关系数，因此量表的区别效度较好。

表 5-7 正式问卷量表的均值、标准差、相关系数矩阵及 AVE 均方根

变量	①	②	③	④	⑤	⑥	⑦	⑧	⑨	⑩	⑪
①	**0.825**										
②	0.429	**0.835**									
③	−0.008	0.327	**0.770**								
④	−0.099	0.248	0.496	**0.778**							
⑤	−0.222	0.191	0.536	0.514	**0.796**						
⑥	−0.061	0.256	0.634	0.559	0.574	**0.778**					
⑦	−0.137	0.233	0.482	0.517	0.488	0.637	**0.765**				
⑧	0.043	0.299	0.352	0.355	0.338	0.451	0.441	**0.851**			
⑨	0.126	−0.022	0.090	0.228	0.187	0.143	0.037	0.114	**0.747**		
⑩	0.086	0.218	0.522	0.355	0.354	0.585	0.460	0.377	0.079	**0.806**	
⑪	0.000	0.197	0.524	0.359	0.328	0.581	0.390	0.425	0.133	0.620	**0.777**
均值	4.177	5.054	5.151	4.964	5.719	5.264	5.235	4.493	5.045	5.573	5.254
标准差	1.305	1.015	0.939	0.948	0.958	0.932	0.990	1.120	1.021	0.897	0.981

说明：上表中①表示变量"市场不确定性"；②表示变量"技术不确定性"；③表示变量"绿色管理创新"；④表示变量"绿色流程创新"；⑤表示变量"绿色产品创新"；⑥表示变量"环境绩效"；⑦表示变量"竞争优势"；⑧表示变量"管理者对环境的关注"；⑨表示变量"企业间人际关系"；⑩表示变量"客户环保合作"；⑪表示变量"供应商环保合作"。

第四节 路径分析及假设检验

在本书第三章提出的概念模型中可以看到,本书所涉及的变量有多个,变量之间的关系也比较复杂。本部分,首先通过 AMOS 对研究的总体模型进行了拟合运算,结果显示总体模型的拟合度比较理想(CMIN/DF=1.96<2;RMSEA=0.06<0.08;IFI=0.893;TLI=0.881;CFI=0.892),尽管后面三个适配统计量 IFI、TLI、CFI 均没有达到 0.9,但只是轻微小于 0.9,根据 Oei 和 Raylu(2004)的研究,稍低于 0.9 的指标范围也是可以接受的。总体模型的拟合运算说明本书研究模型与数据的拟合度较好,因此可以进行更进一步的细化分析。

为了更有效地揭示变量之间的关系以验证假设,我们使用不同的方法对变量之间的关系进行验证。在对直接路径和中介作用进行检验时,采用的是结构方程模型和 AMOS20.0 软件,在对调节效应进行检验时,采用的是多元回归分析。根据第三章本书涉及的三个主要研究问题,在本部分,首先根据研究问题将变量之间的关系分成了三个不同的结构方程模型(SEM),然后选择 AMOS20.0 来验证这些变量之间的直接关系。在进行直接路径检验时,我们选择结构方程模型而非进行线性回归主要出于以下几方面的理由:(1)结构方程模型是基于变量的协方差矩阵来研究变量之间关系的数理统计方法,它是处理线性结构关系模型的一个更方便的工具;(2)一般回归方程中一次只能对一个因变量进行分析,如果涉及多个因变量,则需要进行多次回归,而结构方程模型同时可以处理多个自变量和多个因变量,即结构方程模型一次可以对多个关系进行回归分析;(3)当模型有三段及以上的结构时,一般多元回归要针对每一段结构进行单独回归分析,而结构方程模型则可以同时处理它们之间的关系(Gefen 等,2000)。除了使用结构方程模型进行直接路径和中介效应(使用 SEM 中的 Bootstrap 运算),在进行调节效应检验时,选择常用的多元回归分析,这主要是因为调节效应是为了检验变量直接具体的作用机制,而相对于结构方程模型,回归分析在这一方面则更具优势,而且也得到了更加广泛的应用(Gefen等,2000)。接下来,将对三个主要研究问题及其假设进行验证。

一、供应链企业绿色创新前因假设检验

第一个研究问题是:管理者对环境的关注和供应链环保合作如何影响企业绿色创新,中国式关系在其中起什么作用?通过前面的理论分析,可以将该问题具体化为图5-1所示的概念模型:

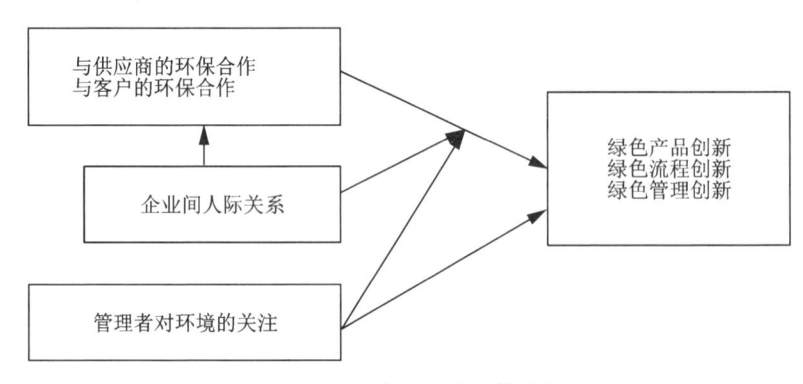

图5-1 绿色创新前因模型图

在该模型中,要验证的关系包括:(1)供应链环保合作(与供应商的环保合作和与客户的环保合作)是否直接影响企业的绿色创新;(2)具有中国特色的企业之间的人际关系会不会对供应链环保合作产生直接影响,这种关系会不会对环保合作与绿色创新之间的关系起作用;(3)从企业内部来说,管理者对环境的关注是如何影响企业绿色创新的。为了验证这些关系,我们先进行了 SEM 的 AMOS 分析,随后对调节效应的检验是使用SPSS进行回归分析。

(一)研究问题一的直接路径 AMOS 检验

通过 AMOS 进行模型一的直接路径运算后,得到的结果如图5-2所示。

可以看到,供应链环保合作对企业绿色创新的三个维度都起到了显著的直接作用,而企业间的人际关系对供应商环保合作带来显著直接影响,但是对客户环保合作的影响则不显著(图中以虚线表示)。同时,管理者的环保关注对企业绿色创新的三个维度都起到显著直接影响。

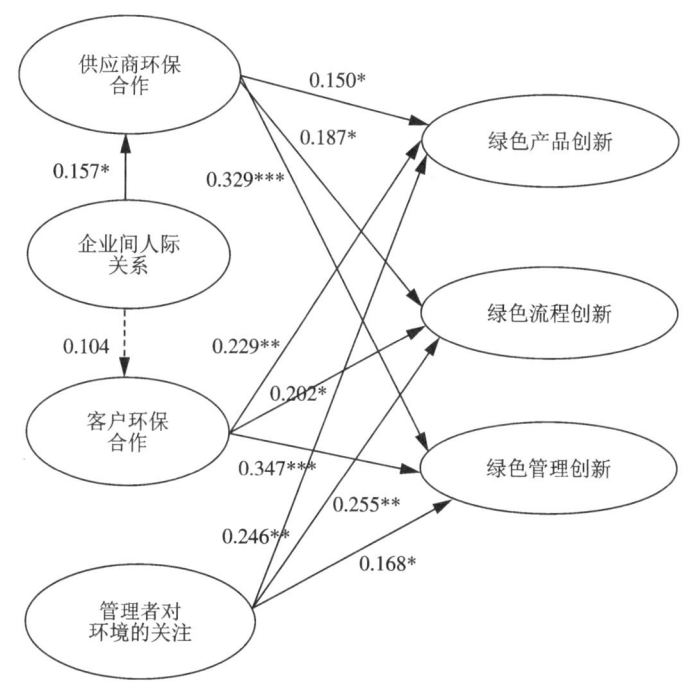

图 5-2　研究问题一路径检验结果图

（二）研究问题一的调节作用检验

为了检验企业间人际关系和管理者对环境的关注在供应链环保合作和企业绿色创新之间的作用机制，本书使用 SPSS20.0 软件对研究问题一中的调节作用进行了分析。在分析中，回归的因变量为绿色产品创新、绿色流程创新和绿色管理创新，自变量包括供应商环保合作、客户环保合作、管理者关注和企业间的人际关系以及关系与前三个自变量的乘积交叉项。在 SPSS 中处理时，为了避免共线性问题，对所有的自变量和交叉变量进行了中心化处理。同时，根据以往的研究，对控制变量进行了处理。其中，企业年龄以样本观察年份减去企业创办年份来表示：1 代表企业成立 5 年及以下；2 代表企业成立 6~10 年；3 代表企业成立 11~15 年；4 代表企业成立 16~20 年；5 代表企业成立 20 年以上。企业规模则根据雇员人数进行划分：1 代表 200 人及以下；2 代表 201~500 人；3 代表 501~1000 人；4 代表 1001~3000 人；5 代表 3001~5000 人；6 代表 5000 人以上。

首先，放入所有自变量（包括控制变量"企业年龄和企业规模"、自变量"供应商环保合作"和调节变量"企业间人际关系"），然后放入"供应商环保合作"与"企业间人际关系"的交叉项,因变量分别选择为绿色产品创新、绿色流程创新和绿色管理创新,从而得到模型1到模型6的运算结果,可以看到企业间人际关系在供应商环保合作与绿色流程创新之间起到了正向的调节作用,而在供应商环保合作与绿色创新的另外两个维度的关系上没有显著影响。具体结果如表5-8所示:

表5-8 企业间人际关系在供应商环保合作与绿色创新间的调节作用分析表

变量	绿色产品创新		绿色流程创新		绿色管理创新	
	模型1	模型2	模型3	模型4	模型5	模型6
控制变量						
企业年龄	0.127*	0.131*	0.059	0.072	0.032	0.030
企业规模	−0.072	−0.077	−0.004	−0.020	−0.003	0.000
自变量						
①供应商环保合作	0.264***	0.269***	0.299***	0.312***	0.461***	0.458***
②企业间人际关系	0.151**	0.161*	0.160**	0.188**	0.047	0.043
交互作用①×②		0.042		0.121*		−0.019
ΔR^2		0.002		0.013* ($p=0.045$)		0.000

其次,验证企业间人际关系在客户环保合作与绿色创新关系上的作用,结果显示企业间人际关系在0.1的置信水平上正向调节了客户环保合作和绿色产品创新之间的关系。具体如表5-9所示:

表5-9 企业间人际关系在客户环保合作与绿色创新间的调节作用分析表

变量	绿色产品创新		绿色流程创新		绿色管理创新	
	模型7	模型8	模型9	模型10	模型11	模型12
控制变量						
企业年龄	0.150*	0.149*	0.085	0.084	0.073	0.073
企业规模	−0.084	−0.093	−0.019	−0.023	−0.028	−0.030
自变量						
①客户环保合作	0.299***	0.304***	0.312***	0.314***	0.429***	0.430***
②企业间人际关系	0.153**	0.161**	0.165**	0.168**	0.058	0.059
交互作用①×②		0.101+		0.050		0.023
ΔR^2		0.01 ($p=0.079$)		0.002		0.001

随后，验证了管理者对环境的关注在供应商环保合作与企业绿色创新（三个维度）之间关系的作用，结果显示管理者对环境的关注在上游环保合作与绿色创新之间没有调节作用。具体结果如表5-10所示：

表5-10 管理者对环境的关注在供应商环保合作与绿色创新间的调节作用分析表

变量	绿色产品创新		绿色流程创新		绿色管理创新	
	模型13	模型14	模型15	模型16	模型17	模型18
控制变量						
企业年龄	0.144*	0.144*	0.077	0.077	0.043	0.044
企业规模	−0.085	−0.087	−0.018	−0.020	−0.008	−0.011
自变量						
①供应商环保合作	0.193**	0.196**	0.225***	0.229***	0.401***	0.407***
②管理者对环境的关注	0.225***	0.227***	0.234***	0.236***	0.168***	0.172***
交互作用 ①×②		0.029		0.027		0.047
ΔR^2		0.001		0.001		0.002

最后，验证了管理者对环境的关注在客户环保合作与绿色创新（三个维度）关系上的作用，结果显示管理者对环境的关注正向调节了客户环保合作到绿色管理创新之间的关系，对其他两组关系（客户环保合作与绿色产品创新，客户环保合作与绿色流程创新）没有显著影响。具体结果如表5-11所示：

表5-11 管理者对环境的关注在客户环保合作与绿色创新间的调节作用分析表

变量	绿色产品创新		绿色流程创新		绿色管理创新	
	模型19	模型20	模型21	模型22	模型23	模型24
控制变量						
企业年龄	0.160	0.158	0.096	0.092	0.080	0.066
企业规模	−0.095	−0.096	−0.030	−0.033	−0.030	−0.039
自变量						
①客户环保合作	0.236***	0.241***	0.242***	0.253***	0.366***	0.397***
②管理者对环境的关注	0.216***	0.216***	0.234***	0.234***	0.192***	0.192***
交互作用 ①×②		0.026		0.057		0.169**
ΔR^2		0.001		0.003		**0.027**（$p=0.02$）

综上，对研究问题一有关的假设检验结果表明，除了企业间人际关系对客户环保合作的直接作用不显著，其他直接路径结果都是显著的。调节作用的分析揭示了：企业间人际关系正向调节了供应商环保合作到绿色流程创新之间的关系；企业间人际关系在 0.1 的水平上正向调节了客户环保合作到绿色产品创新之间的关系；管理者对环境的关注正向调节了客户环保合作到绿色管理创新之间的关系。

二、供应链企业绿色创新对企业绩效影响的假设检验

验证了供应链上企业绿色创新的主要驱动因素后，继续验证第二个研究问题及其假设。本书的第二个研究问题是：企业绿色创新对竞争优势有什么样的作用，环境绩效在其中的作用如何？通过前面的理论分析，可以将该问题具体化为图 5-3 所示的概念模型：

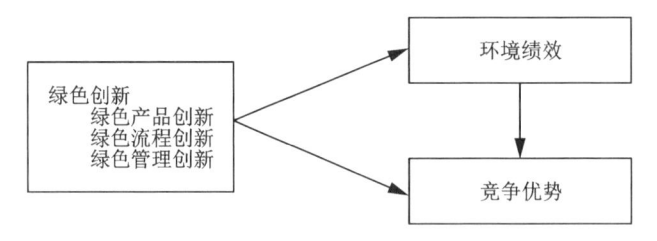

图 5-3 研究问题二的概念模型图

在该模型中，要验证的关系包括：(1) 企业绿色创新的三个维度是否都对环境绩效产生显著影响；(2) 企业绿色创新的三个维度是否都对企业的竞争优势有着积极的作用；(3) 作为绿色创新成果的环境绩效在绿色创新与竞争优势之间的作用机制。本书使用了 AMOS 软件对这些关系进行了验证。

（一）研究问题二的直接路径 AMOS 检验

通过 AMOS 进行模型二的直接路径运算，结果显示：绿色产品创新对环境绩效有显著的直接影响，对竞争优势没有显著作用（图中以虚线表示）；绿色流程创新对环境绩效和竞争优势都有显著直接影响；绿色管理创新对环境绩效有显著直接影响，但对竞争优势没有显著直接作用；环境绩效显著影响企业的竞争优势。具体结果如图 5-4 所示：

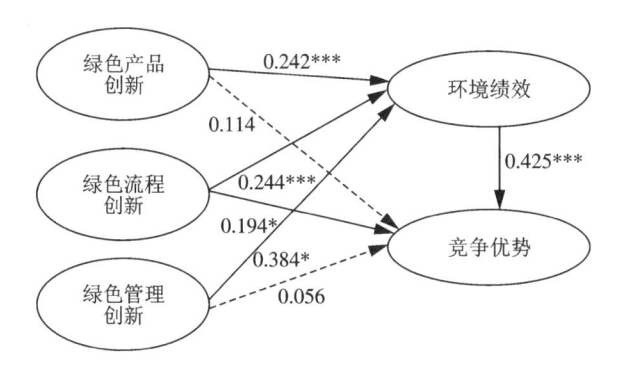

图 5-4 研究问题二直接路径检验结果图

（二）环境绩效的中介作用

对于环境绩效的中介作用的验证，本书参考的是 Lu 等（2010）的方法。因为绿色产品创新到环境绩效，环境绩效到竞争优势之间的关系都是显著的（路径系数分别为 0.242 和 0.425，且均在 0.05 的水平上显著），所以环境绩效在绿色产品创新与竞争优势之间的中介作用得到验证。同理，环境绩效在绿色流程创新与竞争优势，绿色管理创新与竞争优势之间关系的中介作用均得到验证。为了更进一步验证该中介作用，使用 AMOS 进行了 2000 次的 bootstrap 运算，结果如表 5-12 所示，95%BC 置信区间不包含 0，且间接效应 p 显著，该结果再次证实了环境绩效的中介效应。

表 5-12 环境绩效的中介作用检验结果

中介作用路径	间接效应	95% BC 置信区间 下限值	95% BC 置信区间 上限值	p
绿色产品创新→环境绩效→企业竞争优势	0.103	0.044	0.211	0.004
绿色流程创新→环境绩效→企业竞争优势	0.104	0.043	0.200	0.001
绿色管理创新→环境绩效→企业竞争优势	0.163	0.088	0.281	0.001

注：* $p<0.05$，** $p<0.01$，*** $p<0.001$；Bootstrap 样本数：2000。

综上，对研究问题二有关的假设检验结果表明，除了绿色产品创新和绿色管理创新对竞争优势的直接作用不显著，其他直接路径结果都是显著的。中介作用的分析也揭示了：环境绩效中介了绿色创新的三个维度到企业竞争优势的作用。

三、环境不确定性作用的假设检验

前面的两个问题分别探讨了供应链上企业绿色创新的主要影响因素和其对企业的绩效影响，但是，当环境的不确定性增加时，企业所获得的绩效结果是否会发生变化？因此，此处将继续验证第三个研究问题及其假设。通过前面的理论分析，可以将该问题具体化为图5-5所示的概念模型：

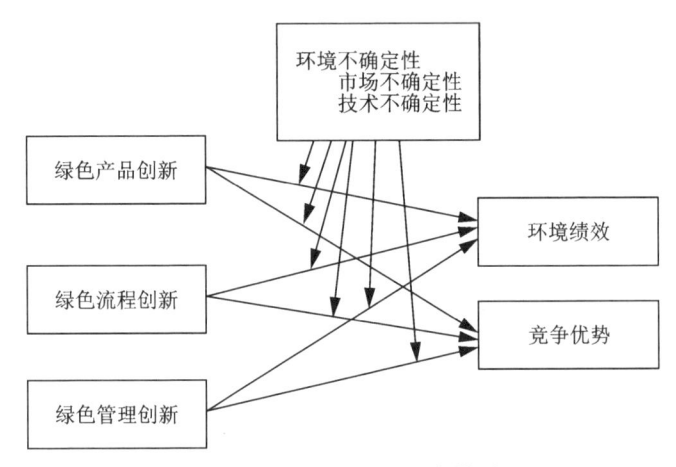

图5-5 研究问题三的概念模型图

在该模型中，要验证的关系包括：（1）环境不确定性（市场不确定性和技术不确定性）增加时，绿色创新对环境绩效的作用会不会受到影响；（2）环境不确定性（市场不确定性和技术不确定性）增加时，绿色创新对竞争优势的作用会不会受到影响。

为了检验当环境发生变动时，企业绿色创新与绩效（环境绩效和竞争优势）之间的关系会否发生变化，使用SPSS20.0软件对研究问题三中的调节作用进行了分析。在分析中，回归的因变量为环境绩效和竞争优势，自变量包括绿色产品创新、绿色流程创新、绿色管理创新和环境的不确定性（两个维度：市场不确定性和技术不确定性），以及环境不确定性与绿色创新三个维度的乘积交叉项。同样，在SPSS中处理时，为了避免共线性问题，对所有的自变量和交叉变量进行了中心化处理。控制变量同样包括企业年龄和企业规模。

此处，由于企业绿色创新的三个维度都属于企业内部变量，因此没有像研究问题一中一样将三者分开来进行回归，而是在同一个模型中进行回归。

首先，在模型1中放入控制变量"企业年龄和企业规模"，自变量"绿色产品创新、绿色流程创新和绿色管理创新"和调节变量"市场的不确定性"，因变量是环境绩效。在模型2中，加入了市场的不确定性与绿色创新三个维度的交叉项。模型3中的自变量和控制变量与模型1相同，因变量为竞争优势。模型4同样在模型3的基础上加上市场的不确定性与绿色创新三个维度的交叉项，因变量为竞争优势。通过分析，加入交叉项后，模型2的ΔR^2为0.030（$p=0.003$），说明市场不确定性在绿色创新与环境绩效之间存在调节作用。加入交叉项后，模型4的ΔR^2为0.017（$p=0.091$），说明市场不确定性在绿色创新与竞争优势之间在0.1的置信水平上存在调节作用。具体来说，市场不确定性负向调节绿色产品创新和环境绩效之间的关系（系数为-0.121，$p=0.023$）；市场不确定性负向调节绿色流程创新和环境绩效之间的关系（系数为-0.099，$p=0.047$）；市场不确定性正向调节绿色管理创新和环境绩效之间的关系（系数为0.139，$p=0.008$）；市场不确定性在0.1的置信水平下负向调节绿色产品创新和竞争优势之间的关系（系数为-0.100，$p=0.095$）；市场不确定性在绿色流程创新和竞争优势之间的调节作用不显著（系数为-0.054，$p=0.324$）；市场不确定性正向调节绿色管理创新和竞争优势之间的关系（系数为0.120，$p=0.038$）。回归结果如表5-13：

表5-13 市场不确定性的调节作用检验

变量	环境绩效 模型1	环境绩效 模型2	竞争优势 模型3	竞争优势 模型4
控制变量				
企业年龄	-0.081	-0.074	-0.099	-0.096
企业规模	0.002	-0.007	0.065	0.059
自变量				
①绿色产品创新	0.265***	0.271***	0.218**	0.224***
②绿色流程创新	0.251***	0.221***	0.266***	0.240***
③绿色管理创新	0.303***	0.336***	0.208***	0.233***
④市场的不确定性	0.024	0.039	-0.061	-0.053
交叉项①×④		-0.121* ($p=0.023$)		-0.100+ ($p=0.095$)
交叉项②×④		-0.099* ($p=0.047$)		-0.054 ($p=0.324$)
交叉项③×④		0.139** ($p=0.008$)		0.120* ($p=0.038$)
ΔR^2		0.030** ($p=0.003$)		0.017+ ($p=0.091$)

随后，在模型 5 中放入控制变量"企业年龄和企业规模"，自变量"绿色产品创新、绿色流程创新和绿色管理创新"和调节变量"技术的不确定性"，因变量是环境绩效。在模型 6 中，加入了技术的不确定性与绿色创新三个维度的交叉项。模型 7 中的自变量和控制变量与模型 5 相同，因变量为竞争优势。模型 8 同样在模型 7 的基础上加上技术的不确定性与绿色创新三个维度的交叉项，因变量为竞争优势。通过分析，加入交叉项后，模型 6 的 ΔR^2 为 0.001（$p=0.887$），说明技术不确定性在绿色创新与环境绩效之间不存在调节作用。绿色创新三个维度与技术不确定性的交叉项都不显著，也证明了技术不确定在此处没有起到调节作用。加入交叉项后，模型 8 的 ΔR^2 为 0.000（$p=0.995$），说明技术不确定性在绿色创新与竞争优势之间不存在调节作用。同样，绿色创新三个维度与技术不确定性的交叉项都不显著。回归结果如表 5-14：

表 5-14 技术不确定性的调节作用检验

变量	环境绩效 模型 5	环境绩效 模型 6	竞争优势 模型 7	竞争优势 模型 8
控制变量				
企业年龄	−0.062	−0.064	−0.082	−0.082
企业规模	0.003	0.006	0.067	0.068
自变量				
①绿色产品创新	0.252***	0.255***	0.227***	0.227***
②绿色流程创新	0.246***	0.241***	0.263***	0.261***
③绿色管理创新	0.287***	0.285***	0.187**	0.186**
④技术的不确定性	0.107*	0.112*	0.062	0.064
交叉项①×④		0.009		0.003
交叉项②×④		−0.020		−0.002
交叉项③×④		0.038		0.013
ΔR^2		0.001		0.000

综上，对研究问题三有关的假设检验结果表明，市场不确定性在绿色创新的不同维度与绩效（包括环境绩效和竞争优势）之间起调节作用（具

体调节作用有正有负，可参考上面的介绍），而技术的不确定性并不会影响绿色创新与环境绩效和竞争优势之间的关系。

第五节 假设检验结果汇总及讨论

一、假设检验结果汇总

通过以上 AMOS 和 SPSS 软件运算，研究的假设部分得到了验证，也有部分假设并没有得到支持。

具体来说，假设 H1 得到支持，即供应商环保合作对绿色创新三个维度（绿色产品创新、绿色流程创新和绿色管理创新）的作用都是积极显著的。假设 H2 的三个子假设都成立，即客户环保合作对企业绿色创新的三个维度都起积极促进作用。假设 H3 得到部分支持，根据前面的分析，这里的部分支持主要是由于企业间人际关系对客户环保合作的积极促进作用没有得到支持，而只是支持了企业间人际关系对供应商环保合作的促进作用。假设 H4 只是得到部分支持的原因在于企业间人际关系在供应商环保合作与绿色创新之间的调节只是作用在供应商环保合作与绿色流程创新之间的关系上。企业间人际关系在客户环保合作与绿色创新之间的调节只是作用在客户环保合作与绿色产品创新之间的关系上。假设 H5 得到支持，即管理者对环境的关注积极促进绿色创新三个维度。假设 H6 只是得到部分支持，原因在于管理者对环境的关注在供应链环保合作与企业绿色创新之间的调节只是作用在客户环保合作与绿色管理创新的关系上。假设 H7 得到验证，即绿色创新的三个维度都显著提升了企业的环境绩效。假设 H8 得到了部分支持，绿色创新的三个维度中只有绿色流程创新直接显著积极地影响了企业的竞争优势。假设 H9 得到验证，即环境绩效在绿色创新的三个维度与企业竞争优势之间都起到中介作用。假设 H10 得到了部分支持，即绿色创新的三个维度与企业环境绩效之间的关系均受到市场不确定性的影响，但技术不确定性在其中不起调节作用。假设 H11 得到了部分支持，即绿色产品创新和绿色管理创新与企业竞争优势之间的关系均受到市场不确定性的影响，但绿色流程创新和企业竞争优势之间的关系在市场不确定的情况下不受到显著影响，同时，技术不确定性在绿色创新与竞争优势之间的关系上不起调节作用。

假设检验结果汇总如表 5-15 所示：

表 5-15 研究假设检验结果

序号	具体假设及子假设内容	检验结果
假设 1	H1：与供应商的环保合作对企业绿色创新有积极促进作用	支持
假设 2	H2：与客户的环保合作对企业绿色创新有积极促进作用	支持
假设 3	H3：企业间人际关系对供应链环保合作起积极促进作用	部分支持
假设 4	H4：企业间人际关系在供应链环保合作与企业绿色创新的关系上起正向调节作用	部分支持
假设 5	H5：管理者对环境的关注积极促进了企业的绿色创新	支持
假设 6	H6：管理者对环境的关注正向调节供应链环保合作与企业绿色创新的关系	部分支持
假设 7	H7：绿色创新显著提升了企业的环境绩效	支持
假设 8	H8：绿色创新显著提升了企业的竞争优势	部分支持
假设 9	H9：企业环境绩效在绿色创新与竞争优势之间起中介作用	支持
假设 10	H10：环境不确定性调节了绿色创新与企业环境绩效之间的关系	部分支持
假设 11	H11：环境不确定性调节了绿色创新与企业竞争优势之间的关系	部分支持

资料来源：本研究分析所得。

二、研究结果讨论

（一）关于研究问题一的讨论

本书的第一个研究问题是关于供应链中企业绿色创新的前因分析，具体问题包括：内部因素——管理者对环境的关注如何影响企业绿色创新；

外部因素——供应链环保合作如何影响企业绿色创新；中国式关系在其中所起作用。

从表5-15可以看到，处于供应链环境中的企业与其上游供应商和下游客户的环保合作都对企业的绿色创新产生显著影响，假设1和假设2成立。也就是说，当企业加强与供应链伙伴的环保合作时，他们在生产、流程和管理上的绿色创新将更强。基于供应链背景，综合考虑上下游环保合作对制造企业绿色创新的影响是本书与现有研究的一个区别点。现有相关研究中，学者们主要关注企业供应链绿色管理及整合（Chan等，2012；Wu，2013），研究供应链合作与企业绿色实践的关系（Caniëls等，2013）。尽管也有学者对环保合作与企业绿色创新的关系进行了研究，但往往只单独涉及供应链的上游或下游（Huber，2008；Lee和Kim，2011；Bar，2015），对上下游综合研究的实证研究并不多见，且并没有将其重点放到企业绿色创新上。本书通过来自中国的271个样本企业的调查研究，发现企业与供应链上下游伙伴的合作都能积极促进企业的绿色创新。对于制造企业来说，这说明涉及环保要求的上游合作与下游合作同等重要，企业不仅要重视直接影响市场表现的客户环保需求与合作，也要对提供技术、资源和设备的上游供应商环保合作给予重视。本书前期调研的陶瓷企业C很重视与上游供应商的合作，通过与设备供应商D结成技术联盟，该企业成功地开发了多款新产品，并通过申请专利，形成技术壁垒，从而形成区别于竞争对手的优势。

在研究问题一中，本书也对企业间人际关系的作用进行了探讨，结果发现：一方面，对上游合作来说，企业间人际关系对供应商环保合作起积极推动作用（H3-1成立），同时也正向调节了供应商环保合作与企业绿色流程创新之间的关系，但对供应商环保合作与绿色产品创新和管理创新的调节作用则并不显著（H4-2通过验证）。另一方面，对下游合作来说，本书研究结果显示企业间人际关系对客户环保合作的直接作用并不显著（H3-2不成立），但是在0.1（$p=0.079$）的水平上正向调节了客户环保合作与企业绿色产品创新之间的关系（H4-4成立）。企业间关系与合作行为之间的作用在众多文献中被加以探讨（Cheng等，2010；Matopoulos等，2007；Skippari

等，2017）。例如，Cheng等（2010）认为供应链管理本身就是企业之间的更深和更广的合作关系，长期的合作关系能够帮助企业应对风险，提升合作质量。Matopoulos等（2007）认为建立和维护组织间关系本身就是供应链合作的一个重要维度，关系能帮助企业改善合作质量，促进合作的完成。Skippari等（2017）通过案例研究发现供应链成员之间的关系认知会影响合作创新，供应链成员对自己在这种关系中的定位对合作来说尤其重要。与以上研究相类似，现有研究大多是研究企业间关系对一般供应链合作的影响。而与这些研究不同的是，本书的研究对象是企业间人际关系对上下游供应链环保合作的影响。考察人际关系的影响一是因为在中国社会，人际关系为企业提供了一种更为广泛和灵活的商业合作途径（宝贡敏和刘枭，2008）。二是因为环保合作不同于一般的供应链合作，它更强调的是合作双方之间价值观相似和对社会责任的认同并愿意为之共同努力，而人际关系体现了企业之间非正式的情感交换，情感上的依托更容易对基于价值观的行为造成影响。

研究结果表明人际关系对上游环保合作有显著影响，而对下游环保合作影响不显著，这个结论并不是说明与客户的人际关系不重要，主要的原因可能在于以下几方面：（1）从资源基础观的角度来看，上游供应商所掌握的多属于输入性资源，如具备环保性能的半成品、环保生产设备、污染预防技术等（黄书真等，2017）。当企业间人际关系较好时，输入性资源的获取将更可靠，从而使得双方的合作更稳定。而下游客户所掌握的多是结果性资源，因此对合作行为的影响并不显著。（2）从供应链权力的角度来看，在以制造商为核心的供应链中，制造商是作为供应商的客户，相对来说占据主动性，所以供应链权力相对较高，因此具备良好人际关系的情况下，供应商更愿意提供资源和设备帮助制造商，所以双方之间的环保合作会更加顺畅。而在制造商与客户的关系上，则正好相反，客户相对占据更多的主动性，因此具备更高的供应链权力，所以人际关系的作用并不显著。（3）从市场的角度来看，笔者前期调研的企业A在与国外客户的环保合作中，两者之间的人际关系对合作起到了积极的作用，来自客户的关系帮助企业A获得了更多供应链资源，从而使得双方之间的合作更加顺畅。但是本书最终参与问卷调研的对象都是国内企业，其客户大多数是国内客户。相对国内客户而言，国外客户尤其是欧美客户对环保指标的要求极高。在中国，尽管消费者的绿色意识开始增强，但总体来说，消费者对产品价格的敏感度还是更高，所以在中国这样的大多数消费者处于中低层消费市场的情况下，客户对产品环保性能的要求也低于国外市场，因此人际关系对客户环保合作所起的作用没有那么显著。需要说明的是，该结论并没有与现实背景相背离，只是更突显了不同背景下的供应链特色。

在良好的人际关系下，制造商与供应商的合作能帮助合作双方的环保思想转化成为更好的技术和半成品从而使得买方公司（制造商）的绿色创新流程更加顺利（Corsten 和 Felde，2005）。而与客户的良好人际关系虽然不能对与客户的环保合作带来直接影响，但是其所提供的结果性资源能帮助企业产品更符合市场需求，从而有利于绿色产品创新。因此，这也解释了本书中人际关系在企业环保合作与绿色创新之间的关系，即人际关系在上游环保合作与企业绿色流程创新之间的调节作用显著，在下游客户环保合作与企业绿色产品创新之间的调节作用显著。本书所调研的深圳照明企业 E 和其客户 F 的关系也证实了该结论。笔者对 F 常驻于 E 的工作人员进行了访谈，他们提出作为常驻人员，经常性的工作外聚餐等非正式的联系使他们与企业 E 的很多管理者形成了工作关系之外的"朋友"关系，确实也会出于"人情"而给深圳照明企业 E 提供更多额外的帮助，以促进其产品上的创新。

除了对企业绿色创新的外部合作因素进行探讨外，研究问题一还分析了内部重要因素——管理者对环境的关注——是如何影响企业绿色创新的。表 5-15 的结果显示，管理者对环境的关注积极促进了企业的绿色创新（假设 5 通过验证），此处包括三个都得到验证的子假设，即管理者对环境的关注积极促进了企业绿色产品创新（H5-1 成立）、绿色流程创新（H5-2 成立）和绿色管理创新（H5-3 成立）。该结论强调了高管对企业创新的重要作用，当管理者对企业行为造成的环境影响越关注时，他们更愿意采用创新性的环境战略（Eiadat 等，2008；Noci 和 Verganti，2010），因而能积极推动其所在企业对环境问题的反应速度和范围（Bansal，2003）。基于高阶管理理论的研究也证实了这一点,企业高层管理者由于受到道德和商业动机的鼓励,更愿意将环保改善可持续性纳入其日常决策和运营中(Tsheng 等,2013),因而积极推动了企业的绿色创新。此外,在对管理者对环境的关注的调节作用进行分析时,发现其只是调节了客户环保合作与绿色管理创新之间的关系。这可能是因为管理者对环境的关注主要通过内部管理手段来体现其作用,在与客户的合作中,这种内部管理手段所起的作用更明显。而且由于客户直接面对市场,其对企业绿色创新所带来的机会感知更深,因此在管理者越重视环境问题时,与客户的合作将更容易推动企业绿色管理创新的实现。

综合以上,可以看到,研究问题一的结论显示了外部供应链环保合作和内部管理者对环境的关注都对企业绿色创新起积极促进作用。而人际关系调节了供应商环保合作与企业绿色流程创新的关系,以及客户环保合作与企业绿色产品创新的关系,管理者对环境的关注只是调节了客户环保合作与绿色管理创新之间的关系。这是很有意思的发现,说明供应链环保合作与内部管理者关注虽然积极影响了企业的绿色创新,但却重点作用于不同方面。后面将继续讨论该结论对企业实践的指导意义。

(二)关于研究问题二的讨论

本书的第二个研究问题是绿色创新对企业绩效的影响,具体问题包括:绿色创新的三个维度对企业环境绩效的影响;绿色创新的三个维度对企业竞争优势的影响;环境绩效在绿色创新与竞争优势之间的中介作用。

从表5-15可以看到,假设7(H7)及其三个子假设的检验结果表明绿色产品创新、绿色流程创新和绿色管理创新都对企业的环境绩效有显著正向影响。本书认为绿色创新对环境绩效的促进也说明了绿色创新在微观企业层面和宏观社会层面的环保领域都具有重要作用。绿色创新的定义和测量也可以很好地解释本假设的检验结果。与一般创新不同,绿色创新重点强调企业对环境绩效的追求(Dong 等,2014)。本书在对绿色创新进行定义时,就强调产品创新上使用更低能耗、更少污染和无毒的原材料,流程创新上会通过改进生产工艺和引进新技术等节约能源并减少环境污染,管理创新上通过采用新的环境管理体系和方法控制企业创新对环境的影响。

尽管创新被认为对企业环境绩效有积极的作用,但是现有研究并没有进行细化研究。也就是说,学者们普遍认可企业绿色创新实践和行为对环境绩效的积极影响(Chiou 等,2011;Horbach 等,2012;Küçükoğlu 和 Pınar,2015;Long 等,2017;Yu 等,2017),但是并没有对绿色创新的不同维度与环境绩效的关系进行研究,或者相关研究并不全面。例如,Küçükoğlu 和 Pınar(2015)同时探讨了绿色产品创新和绿色流程创新减少了企业行为对环境的影响,但对管理上的绿色创新的作用则被忽视。Yu 等(2017)的研究只是探讨了绿色创新战略对企业环境绩效的显著作用,并没有针对具体的创新行为进行分析。虽然都体现了绿色创新对企业环境绩效的积极作用,但与以上研究不同的是本书同时研究了绿色创新三个维度对环境绩效的影响,因此更为具体和丰富。

研究问题二的另一个问题是关于绿色创新对企业竞争优势的影响。表5-15可以看到,假设8(H8)的检验结果在绿色创新的三个维度上并不一致。结果显示:绿色产品创新对企业竞争优势的直接影响并不显著,绿色管理创新对企业竞争优势的直接影响也不显著,只有绿色流程创新对竞争优势的直接影响是显著的。笔者认为,原因可能在于流程创新体现的是企业在技术和生产设备及整个生产工艺的改善上,这种改善不仅仅在一种产品的生产过程中得到体现,而且在企业后续的生产过程中都更有效,因此能为企业带来长久优势,从而能直接推动企业竞争优势。而绿色产品创新只是针对具体的某一产品品种或产品系列进行的改善,其可能为企业带来短期的市场优势,但对长期的竞争优势可能需要通过其他机制的作用才能体现出来。绿色管理创新不能直接促进竞争优势可能是因为其对企业竞争优势的影响需要通过其他因素的作用。

尽管众多研究探讨了绿色创新对企业竞争优势的影响,但是却并不全面。例如,Porter 和 Van der Linde(1995)认为绿色创新会提升企业的竞争力,但他们并没有深入探讨究竟是何种绿色创新能为企业带来竞争优势。而更多的研究则将关注重点放在了绿色创新的某个维度上,例如,Hojnik 和 Ruzzier(2016)虽然认为绿色创新对企业竞争优势能起到积极的作用,但他们的研究仅仅强调了绿色流程创新的作用,而 Ar(2012)的研究则只强调了绿色产品创新的积极作用,他们的研究都忽视了另外两种绿色创新对竞争优势的作用。Chen 等(2006),Küçükoğlu 和 Pınar(2015)的研究虽然都认为企业在绿色产品创新和绿色流程创新上投入越多,越能让企业比竞争对手处于更有利的地位,但他们的研究却忽视了绿色管理创新的作用。与此不同的是,本书同时探讨了绿色创新的三个维度,绿色产品创新、绿色流程创新和绿色管理创新对企业竞争优势的影响,但结果却并不一致。三个维度中起直接积极作用的只有绿色流程创新,但这并不能说明其他两个维度的绿色创新对企业竞争优势没有作用。

为了更清晰了解绿色创新如何对竞争优势起作用,本书探讨了环境绩效在其中所起的中介作用。根据表 5-15 的检验结果,可以看到假设 9 得到验证,也就是说环境绩效在绿色创新的三个维度与竞争优势之间都起到中介作用。这也进一步解释了本书假设 8 的结果。在假设 8 的结论中,绿色管理创新和绿色产品创新对企业竞争优势都没有直接影响,但在假设 9 的结论中,他们都通过环境绩效影响了企业的竞争优势。如上述讨论所示,这两者对竞争优势的作用需要通过其他因素的作用才能加以体现,而环境绩效是产品创新和管理创新为企业所带来的直接结果和短期绩效,这种直接结果又转而促进了企业长期绩效(竞争优势)的实现。尽管有研究认为若是被迫进行环境绩效的改善,有可能给企业带来的并不是竞争优势,反而会因为增加成本而导致企业竞争优势下降(Dong 等,2014)。但是,本书探讨的是绿色创新带来的环境绩效改善,这是一种主动行为带来的结果变化,而非通过制度等强制手段进行的被动改善。因此本书中,环境绩效给企业竞争优势带来的是积极正向的影响。关于该结论,尽管现有理论研究并没有涉及环境绩效的中介作用,但是本书的结论与企业的实践活动是一致的。例如,前面所提到的陶瓷企业 A,通过绿色创新减少了对环境的污染物排放,在客户对其的考察中,因为该企业出色的环境绩效而获得更多国外客户的青睐,从而给企业带来了更多竞争优势。在客户的考察当中,并不一定针对专门的某项绿色创新来进行考察,往往考察的是该企业是否具备更优的环境绩效及能力,因此绿色创新通过其对环境绩效的积极作用为企业带来竞争优势。

因此，本书关于环境绩效所起中介作用的探讨更全面地分析了企业绿色创新与竞争优势的关系。结论显示，绿色创新可能直接影响竞争优势，但当这种直接作用不显著的时候，往往是有其他因素如环境绩效在其中起作用。

(三) 关于研究问题三的讨论

本书的第三个研究问题是环境不确定性的影响。具体来说，包括以下几个问题：(1) 市场不确定性情况下，绿色创新对企业环境绩效的作用是否会发生变化？(2) 市场不确定性情况下，绿色创新对企业竞争优势的作用是否会发生变化？(3) 技术不确定性情况下，绿色创新对企业环境绩效的作用是否会发生变化？(4) 技术不确定性情况下，绿色创新对企业竞争优势的作用是否会发生变化？

根据表 5-15 的检验结果，可以看到假设 10 (H10) 环境不确定性调节了绿色创新与企业环境绩效之间的关系通过验证后只得到了部分支持。其中，市场不确定性负向调节了绿色产品创新与企业环境绩效的关系，市场不确定性也负向调节了绿色流程创新与企业环境绩效的关系，同时，市场不确定性正向调节了绿色管理创新与企业环境绩效的关系。但是，尽管结果显示环境不确定性的另一个维度，即技术的不确定性对企业绿色创新与环境绩效之间的关系有一些作用，但是这些作用并不显著。

表 5-15 也显示，假设 11 (H11) 环境不确定性调节了绿色创新与企业竞争优势之间的关系也只有部分通过了验证，假设得到了部分支持。其中，市场不确定性在 0.1 的水平上支持了对绿色产品创新与企业竞争优势关系上的调节作用，同时，市场不确定性正向调节绿色管理创新与企业竞争优势之间关系的假设也得到了验证，其他子假设，包括 H11-2、H11-3、H11-4、H11-6 都没有通过验证。

总的来说，假设 10 和假设 11 的结果显示，环境不确定性的两个维度（市场不确定性和技术不确定性）中，只有市场不确定性起到了显著的调节作用，而技术不确定性在绿色创新的多个维度与环境绩效和竞争优势之间的关系上都没有显著的调节作用。从环境绩效这一结果变量来看，当市场不确定性较高时，绿色产品创新对环境绩效与竞争优势的积极影响会被削弱，这可能是由于：

（1）市场的不确定性增加意味着客户需求变化较快，为迎合市场需求，减少对环境的影响不再是企业主要追求方向，企业往往只是以最低限度满足法规和制度对污染物排放量的最低要求，并不会主动去创新以追求资源和能源的减少使用。现有文献中，也可以看到类似的观点。例如，Wang等（2017）认为不确定性阻碍了企业在清洁生产等方面的创新。Ociepa-Kubicka和Pachura（2017）的研究表明绿色创新所遇到的一个主要障碍是市场需求的不稳定，这种不稳定会导致企业投资回报的不确定或绿色创新投资回收期长等问题，因而导致不采取创新举措或尽量减少创新举措。

（2）市场的不确定性也意味着可能有其他竞争对手的更具竞争力的产品容易被引入市场，此时，市场竞争加剧，企业创新性的绿色产品容易受到冲击。因此，为了提高市场效率，企业可能会倾向于选择可以短期获利的创新项目，甚至是在沿用原有产品的基础上只进行简单的改进和调整，同时也只会将少量的资金和关键资源用于绿色创新上，因此其创新行为对环境绩效的作用会由于这种不确定性受到影响。同时，这种短期利益的获取对企业竞争优势并没有作用，反而因为企业不愿意从事具有投资回报周期较长的创新而在某种程度上降低了企业长期优势的取得（刘伟等，2014）。除此之外，当市场不确定性较高时，竞争强度的加剧将阻碍企业进行绿色创新，同时，诸如模仿等恶意竞争行为反而会加剧（Dubey等，2015；肖振鑫和高山行，2015；李钰婷等，2016）。

（3）当市场变化较快时，企业所获得的冗余信息更多，因此很难从中判断出客户的需求趋势，并进而阻碍决策者在绿色创新决策中做出有利于企业长期优势发展的有效决策。

但是，也有学者认为市场的不确定性反而会激发企业实施绿色创新的意愿，例如Roper和Tapinos（2016）通过对英国企业的实证研究，发现对企业而言，最重要的创新风险来自市场的不确定性，但是当企业面对这种不确定性带来的风险时，他们可能更愿意接受这种来自市场不确定性的创新风险，同时希望通过创新来获得市场优势（Yu和Hang，2010）。与这些研究结果不同，本书研究结果认为市场不确定性会削弱绿色创新对企业环境绩效和竞争优势的影响。

研究结果也显示，当市场不确定性较高时，与上述的削弱作用不同，绿色管理创新对环境绩效和竞争优势的作用反而将更显著（假设 H10-5 和 H11-5 得到证实）。如第三章假设提出部分所言，其原因可能在于在市场不确定性高的情况下，企业要从容地应对风险，必须要有内部良好的管理和应对能力，绿色管理上的创新为企业实现资源的主导作用提供了有力的保障，从而能加强其对环境变化的敏感性，因此能够在环境发生变化时及时应对并获得先动优势（简兆权等，2015；Roper 和 Tapinos，2016）。笔者调研的多个企业中，只有一家企业，即佛山陶瓷企业 A 明确提出了他们通过管理上的创新适应了更剧烈的市场变化，该企业认为除了技术上的创新，还要有先进的管理模式，因此，他们成立了专门的供应链部，从众多渠道收集绿色创新的最新消息并将绿色创新应用到不同的业务管理中。因此，作为民营企业，他们的转型也更加迅速，从而能更有效地应对市场不确定性给企业带来的风险，获得更强的竞争优势。

然而，与 Ragatz 等（2002）、Liang 等（2007）、Malik（2011）、史会斌等（2014）的研究结果不一致的是，本书研究结果显示技术不确定性在绿色创新与其结果变量之间没有起到显著的作用，这可能是因为对于企业来说，不管在技术不确定性高还是低的情况下，绿色创新本身都一样会影响企业的环境绩效和竞争优势。而且，绿色创新技术的发展更多的是体现在整个行业的技术发展上，当行业技术变动大的时候，可能对整个社会的环境会带来影响，但是对单个企业的行为和结果影响并不是很大。

本章小结

本章首先对正式问卷回收后的样本基本信息从回答者个体和企业两方面进行了描述性统计，随后对样本数据质量进行了分析，主要对常见的无回复偏差和共同方法偏差进行了检验。在确保样本数据质量的基础上，分析了正式量表的信度和效度，进一步确定了样本数据的可靠性和稳定性，随后使用结构方程模型和 SPSS 及 AMOS 软件对三个研究问题及相关假设进行了验证，结果证实了本书大多数的假设。最后，也结合了现实背景和前人的研究对本书的研究结果进行了相关讨论。相关分析结论如图 5-6 所示。

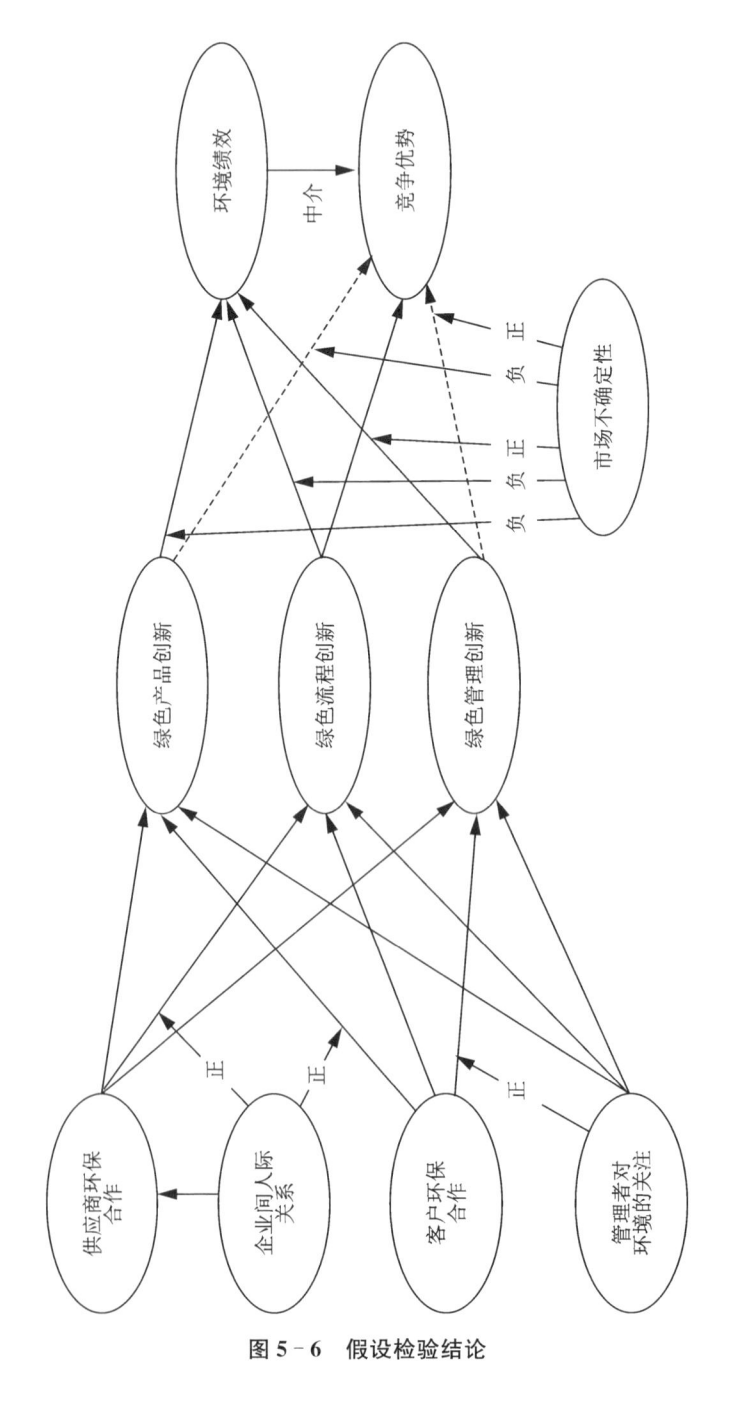

图 5-6 假设检验结论

结 语

"绿水青山就是金山银山",随着社会和经济的快速发展,环境保护被提到更加重要的地位。绿色创新,作为资源和能源节约的重要方式,也不断被提及并在各行业和领域加以实践。从宏观的国家和社会层面来看,新能源、新技术、新设备的使用成为了解决环境保护与经济发展难题的重要方式。而从更微观的企业层面来看,除了响应国家和社会的号召以减少企业活动对环境的影响,更不能忽视的是市场和消费者日益增强的环保意识导致的产品和服务的绿色化需求。因此,绿色创新也成为企业践行环境保护和获取经济收益及竞争优势的必要途径。从理论上来说,学者们认为企业的创新活动应该满足"三重底线"原则,即企业的创新活动及其产出应该兼顾经济、环境和社会三方绩效的提升。因此,创新的"绿色化"也成为学者们关注的重点,学者们认为绿色创新可以成为实现共赢的关键。尽管如此,如书中所述,目前有关绿色创新的研究主要将重点放在了制度、市场和技术因素上,忽视了供给侧即上游供应商在其中所起的作用。本书认为,对于深处供应链中的企业而言,同时从供需两端综合考虑上下游的环保合作对企业创新行为的影响将是非常重要的。同时,在我国对产业链供应链以及可持续发展给予更多重视的背景下,从供应链视角结合企业内部因素对企业绿色创新进行研究将更具理论和实践指导意义。

为了解决绪论中提到的三个科学问题,本书作者前期深入多家企业访谈,并选择中国大陆珠江三角洲(多数受访企业所在区域)、长江三角洲和其他地区发放调研问卷,随后使用 SPSS 和 AMOS 软件对所收到的有效问卷进行分析。对研究问题有如下解答:

一是关于推动供应链中企业进行绿色创新的因素。对处于供应链中的企业来说，绿色创新不仅仅受到来自内部管理者对环境关注的影响，而且会受到企业与供应链伙伴之间的环保合作的影响。在中国情境下，制造商（本书的主要研究对象）与上游供应商人际关系越好，他们之间的环保合作也越积极。虽然制造商与客户的人际关系对企业与客户的环保合作也会有正向影响，但是影响却不显著。此外，管理者对环境的关注和企业间人际关系也在其中起到一定作用。当制造企业的管理者对环境的关注越高时，客户环保合作对绿色管理创新的促进作用越明显；当企业间人际关系较好时，供应商环保合作对绿色流程创新的作用得到了加强，客户环保合作对绿色产品创新的作用也得到了加强。

二是绿色创新对企业绩效的影响。由于关注重点在企业创新行为对环境的影响以及创新行为对企业长期竞争力的影响，因此，本书主要探讨的是企业绿色创新对环境绩效和竞争优势的作用。实证结果表明：绿色创新对企业的环境绩效影响显著，企业实施的绿色创新能有效减少污染物和有毒物等对环境的排放，减少了企业行为对环境的影响。从行为—结果的关系来说，正确的行为并不一定导致积极的结果，尤其是长期性的结果。因此，企业的绿色创新也不一定能带来竞争力的增加。分析显示：绿色创新的三个维度中，只有流程创新显著积极地提升了企业的竞争优势，而绿色产品创新和绿色管理创新对竞争优势的直接作用并不显著。虽然行为对结果的作用不一定有直接影响，但是有可能通过其他因素来体现其作用。本书对环境绩效的中介作用即证实了这一点。绿色流程创新对竞争优势的影响部分是通过环境绩效进行作用的，而绿色产品创新和绿色管理创新对竞争优势的影响则是通过环境绩效起到完全中介作用的。

三是环境变化对绿色创新结果的影响。由于企业处于不断变化的环境中，各种来自环境中的不确定性都可能对企业绿色创新所带来的结果产生影响。对于企业来说，环境不确定性主要体现在两个方面：市场不确定性和技术不确定性。通过对这两种不确定性调节作用的分析，本书得到如下结论：当市场不确定性较高时，绿色产品创新对环境绩效的影响将被显著削弱，绿色流程创新对环境绩效的影响也将被显著削弱，但是绿色管理创新对环境绩效的作用得到了加强。同时，当市场的不确定性较高时，绿色产品创新对企业竞争优势的作用被显著削弱，但是这种削弱作用要低于对环境绩效的削弱作用，而对绿色流程创新与竞争优势的削弱作用则并不显著。如同对环境绩效的影响一致，市场不确定性越高，绿色管理创新对竞争优势的作用则越强。但是，环境不确定性的另一个维度技术的不确定性并没有被证实到对绿色创新及其绩效结果之间有显著的调节作用。也就是说，技术的变化并没有显著改变企业绿色创新对其绩效结果的影响。

从理论上来说，本书将极具中国特色的企业间人际关系和内部管理者更主观的环保态度（管理者对环境的关注）纳入到企业环保合作（区分上下游）与绿色创新（区分不同维度）之间的作用机制研究中，验证了管理者主观的环保态度与企业间良好的人际关系在供应链企业合作和创新中的重要作用，拓展了中国情境下的关系理论、合作理论和高阶管理理论。区别于以往研究的细化研究更深刻地解释了中国式人际关系和管理者的主观态度（对环境的关注）对供应链企业行为（环保合作）及其结果（绿色创新）的影响，从而丰富和深化了供应链背景下的合作理论和中国式关系理论及企业创新理论的研究。将绿色创新内部驱动因素的重点放在管理者对环境的关注上也进一步推动了高阶管理理论在绿色创新领域的应用。此外，本书以权变理论作为理论透镜探讨环境不确定性情况下企业绿色创新对绩效的不同影响，结果表明，在市场不确定性高的时候，企业绿色创新对环境绩效和竞争优势的作用会产生变化，而且，不同维度的绿色创新对绩效变量的作用变化也是不同的。因此，在一定程度上丰富了权变理论的实用性研究。

从实践上来看，本书的实证研究表明绿色创新确实可以作为一种有效途径来解决"环境保护与经济收益两难"的问题，绿色创新可以使企业在经济和环境两方面实现共赢，企业通过与供应链上其他企业的环保合作和主动的绿色创新在源头上减少对环境的影响，实现环境保护的事前控制，减少了整个供应链对环境的影响。因此，随着国家对供应链创新的重视，政府对企业环保行为和绿色创新的支持不仅仅应该体现在单个企业的减排上，而应该从整个供应链的角度来看待和实施诸如"补贴经济"等政策支持。通过对整个供应链的监管和激励，也有助于减少目前所出现的单个企业"骗补"严重的情况。对于企业来说，本书结论建议企业，应该适当地创造条件以增加企业间（尤其是管理者之间）的非正式会晤和联系，从而增加双方关系的亲密度，为获得更多资源和信息创造机会。同时，对绿色创新分维度的研究也表明，若企业只是单纯进行绿色流程创新，那就需要更加关注和培养与上游供应商之间的人际关系。而若企业只是单纯进行绿色产品创新，则更需关注和培养的是与下游客户之间的人际关系。此外，本书结果也再次证实了当企业的管理者更具社会责任感和环保意识时，更有助于企业内外部的环境管理和创新。因此，具有环境使命的管理者是企业长期可持续发展的重要资源。

随着市场需求和技术的快速发展与变化，不确定性成为企业所处环境的常态。对企业来说，当面临不确定性时，也可能同时面临机会。本书结果表明，当市场的不确定性高时，绿色管理创新对企业绩效和竞争优势的作用将得到加强。因此，本书建议企业：第一，企业应该从内部管理入手，增加企业柔性以应对环境的不确定性。例如，建立更高标准的环保管理体系，营造创新性的企业环保文化氛围，成立专门的环境管理部门并进行资源的合理分配以使管理者能更快响应和适应来自环境的变化，从而更容易发现和抓住机会。同时，内部管理的改进和创新除了帮助企业快速响应市场变化，也由于管理的有效性增加而减少企业对绿色产品需求预测的失误。如前述的陶瓷企业 A 就是通过内部的管理创新使得企业的供应链运作更顺畅，从而更快响应市场的变化。第二，对于企业来说，具备一定的环保生产技术和创新能力是在动态环境下生存的必备条件，尽管改变客户的绿色爱好的环保需求趋势并不容易，但创新能帮助企业塑造良好形象并在一定程度上引导消费者爱好。因此，不确定性环境下的创新对企业来说尤显重要。第三，由于资源的有限性，本书也建议企业在面对不确定性的环境下更加应该加强与供应链伙伴的合作，通过引入外部资源和能力来减少市场变化对企业的影响从而获得可持续发展。

当然，由于诸多因素影响，本书研究尚存在不足，有待后续探讨和进一步完善。一是从数据来源来说：首先本书数据主要来源于中国大陆珠江三角洲、长江三角洲和其他地区，这些企业都是处于中国的文化背景下，尽管本书对特有的中国情境因素——企业间人际关系——进行了分析，但是若能基于更宽视角，进行多源分析，例如增加不同文化背景下的数据来源，并与现有数据进行对比分析，可能会使研究更加完善并为企业提供更具针对性的建议。其次本书所收集的是时点数据而非时期数据，因此，只能从单一时点判断企业前期的创新所带来的环境影响变化和竞争优势变化，若能通过某个时点的企业环保合作与绿色创新的行为调查，并考虑这些行为经过了一段时间以后所带来的影响，在后期收集这些影响的数据来判断前期行为对后期结果的影响，应该会使研究结果更具说服力。二是从研究的内容来看：首先，如大多数研究一般，本书只是将企业年龄和规模作为控制变量进行了分析，而实际上，在供应链背景下，除了本书所探讨的外部环保合作和内部管理者对环境的关注，还有众多因素可能影响企业的绿色创新，例如内部研发能力、企业对研发的投资力度、现有绿色专利数、企业性质等都可能会对企业的绿色创新产生一定影响。其次，在前期的调研中，笔者发现部分企业在无法达到所在地环保标准的时候，被迫将工厂迁至其他对环保要求较低的地区，这也是一个很有趣的现象。某些经济落后地区可能为了发展经济，在满足国家要求的基础上，会提出更多优惠政策和较低的环保标准吸引企业投资，而经济较发达的地区则会在国家标准的基础上相应提高地区的环保标准。那么对于企业来说，究竟在什么情况下会选择迁往环保要求低的地区，什么情况下更愿意通过前期投入进行绿色创新以满足不断变严格的环保要求应该也是一个非常有意思的研究方向。此外，在对结果变量进行选择时，由于将重点放在了企业行为对环境的影响上，因此只选择了企业绩效中的其中一个维度，即环境绩效，但是没有考虑到企业长期的创新行为对社会的影响，因此，未来应该增加对社会绩效的测量和考察。但是，这也需要在另一个方面继续加强，那就是数据的获取方面，因为企业行为对社会的影响往往需要长期跟踪的数据支持，本书没有选择社会绩效最初也是出于此考虑。后续若能进行长期的数据追踪和收集，并将社会绩效纳入到研究中，将使现有研究结果更加丰富和全面。

参考文献

一、著作类

[1] 李怀祖. 管理研究方法论 [M]. 2版. 西安：西安交通大学出版社，2004.

[2] 吴明隆. 结构方程模型：AMOS的操作与应用 [M]. 重庆：重庆大学出版社，2009.

[3] 吴明隆. 问卷统计分析实务：SPSS操作与应用 [M]. 重庆：重庆大学出版社，2010.

[4] 刘湘溶，罗常军. 经济发展方式生态化：从更快到更好 [M]. 长沙：湖南师范大学出版社，2015.

二、论文类

[1] 李巧华. 生产型企业绿色创新：影响因素及绩效相关 [D]. 成都：西南财经大学，2014.

[2] 彭雪蓉. 利益相关者环保导向、生态创新与企业绩效：组织合法性视角 [D]. 杭州：浙江大学，2014.

[3] 黄进. 运用环境管理体系标准助力绿色供应链管理相关政策制度的实施 [J]. 标准科学，2017（4）：33-38.

[4] 简兆权，王晨，陈键宏. 战略导向、动态能力与技术创新：环境不确定性的调节作用 [J]. 研究与发展管理，2015，27（2）：65-76.

[5] 李广培，苏媛. 2011—2015年国内绿色创新领域研究进展回顾：基于CSSCI的文献分析 [J]. 物流工程与管理，2016，38（12）：143-146.

[6] 李妹，高山行. 环境不确定性、组织冗余与原始性创新的关系研究 [J]. 管

理评论，2014，26（1）：47-56．

[7] 李巧华，唐明凤．企业绿色创新：市场导向抑或政策导向［J］．财经科学，2014（2）：70-78．

[8] 李旭．绿色创新相关研究的梳理与展望［J］．研究与发展管理，2015，27（2）：1-11．

[9] 李怡娜，叶飞．制度压力、绿色环保创新实践与企业绩效关系：基于新制度主义理论和生态现代化理论视角［J］．科学学研究，2011，29（12）：1884-1894．

[10] 梁敏，曹洪军，王小洁．高管环保认知、动态能力与企业绿色创新绩效：环境不确定性的调节效应［J］．科技管理研究，2022，42（4）：209-216．

[11] 罗珉，徐宏玲．组织间关系：价值界面与关系租金的获取［J］．中国工业经济，2007（1）：70-79．

[12] 马媛，侯贵生，尹华．企业绿色创新驱动因素研究：基于资源型企业的实证［J］．科学学与科学技术管理，2016，37（4）：98-105．

[13] 彭雪蓉，魏江．利益相关者环保导向与企业生态创新：高管环保意识的调节作用［J］．科学学研究，2015，33（7）：1109-1120．

[14] 孙家胜，刘路明，陈力田．知识动态能力研究进展及前沿演进可视化分析［J］．科技进步与对策，2019，36（14）：151-160．

[15] 唐炎钊，王容宽．Guanxi 与创业企业成长：国外研究述评［J］．商业研究，2013（2）：12-20．

[16] 万骁乐，毕力文，邱鲁连．供应链压力、战略柔性与制造企业开放式绿色创新：基于 TOE 框架的组态分析［J］．中国软科学，2022（10）：99-113．

[17] 王永贵，李霞．促进还是抑制：政府研发补助对企业绿色创新绩效的影响［J］．中国工业经济，2023（2）：131-149．

[18] 问延安，沈毅．“关系”的国际研究进展：基于计量与知识图谱分析［J］．软科学，2016，30（4）：127-130．

[19] 席龙胜，赵辉．高管双元环保认知、绿色创新与企业可持续发展绩效［J］．经济管理，2022，（3）：139-158．

[20] 邢丽云，俞会新．绿色动态能力对企业环境创新的影响研究：环境规制和高管环保认知的调节作用［J］．软科学，2020，34（6）：26-32．

[21] 郇庆治,马丁·耶内克. 生态现代化理论:回顾与展望 [J]. 马克思主义与现实, 2010 (1): 175-179.

[22] 余伟,陈强. "波特假说" 20 年:环境规制与创新,竞争力研究述评 [J]. 科研管理, 2015 (5): 65-71.

[23] 张钢,张小军. 国外绿色创新研究脉络梳理与展望 [J]. 外国经济与管理, 2011, 33 (8): 25-32.

[24] 郑嘉容,韩明华. 环境规制、技术能力与绿色创新:基于管理者环保意识的调节效应 [J]. 科技与经济, 2023 (1): 31-35.

[25] AMORE M D, BENNEDSEN M. Corporate governance and green innovation [J]. Journal of environmental economics and management, 2016 (75): 54-72.

[26] BALDASSARRE B, CALABRETTA G, BOCKEN N M P, et al. Bridging sustainable business model innovation and user-driven innovation: a process for sustainable value proposition design [J]. Journal of cleaner production, 2017 (147): 175-186.

[27] BOSSLE M B, DE BARCELLOS M D, VIEIRA L M, et al. The drivers for adoption of eco-innovation [J]. Journal of cleaner production, 2016 (113): 861-872.

[28] BURKI U, DAHLSTROM R. Mediating effects of green innovations on interfirm cooperation [J]. Australasian marketing journal, 2017, 25 (2): 149-156.

[29] CAI W, ZHOU X. On the drivers of eco-innovation: empirical evidence from China [J]. Journal of cleaner production, 2014 (79): 239-248.

[30] CANIËLS M C J, GEHRSITZ M H, SEMEIJN J. Participation of suppliers in greening supply chains: an empirical analysis of German automotive suppliers [J]. Journal of purchasing and supply management, 2013, 19 (3): 134-143.

[31] CHAN H K, YEE R W Y, DAI J, et al. The moderating effect of environmental dynamism on green product innovation and performance [J]. International journal of production economics, 2016 (181): 384-391.

[32] CHIOU T Y, CHAN H K, LETTICE F, et al. The influence of greening the suppliers and green innovation on environmental performance and competitive advantage in Taiwan [J]. Transportation research part E: logistics and transportation review, 2011, 47 (6): 822-836.

[33] CUERVA M C, TRIGUERO-CANO Á, CÓRCOLES D. Drivers of green and non-green innovation: empirical evidence in Low-Tech SMEs [J]. Journal of cleaner production, 2014 (68): 104-113.

[34] DONG Y, WANG X, JIN J, et al. Effects of eco-innovation typology on its performance: empirical evidence from Chinese enterprises [J]. Journal of engineering and technology management, 2014 (34): 78-98.

[35] EIADAT Y, KELLY A, ROCHE F, et al. Green and competitive? an empirical test of the mediating role of environmental innovation strategy [J]. Journal of world business, 2008, 43 (2): 131-145.

[36] GAO D, XU Z, RUAN Y Z, et al. From a systematic literature review to integrated definition for sustainable supply chain innovation [J]. Journal of cleaner production, 2017 (142): 1518-1538.

[37] HAMBRICK D C. Upper echelons theory: an update [J]. Academy of management review, 2007, 32 (2): 334-343.

[38] HART S L, DOWELL G. A natural-resource-based view of the firm: fifteen years after [J]. Journal of management, 2011, 37 (5): 1464-1479.

[39] HART S L. A natural-resource-based view of the firm [J]. Academy of management review, 1995, 20 (4): 986-1014.

[40] HOJNIK J, RUZZIER M. What drives eco-innovation? a review of an emerging literature [J]. Environmental innovation and societal transitions, 2016 (19): 31-41.

[41] HUANG X, HU Z, LIU C, et al. The relationships between regulatory and customer pressure, green organizational responses, and green innovation performance [J]. Journal of cleaner production, 2016 (112): 3423-3433.

[42] KESIDOU E, DEMIREL P. On the drivers of eco-innovations: empirical evidence from the UK [J]. Research policy, 2012, 41 (5): 862-870.

[43] LAI K H, CHENG T C E, TANG A K Y. Green retailing: factors for success [J]. California management review, 2010, 52 (2): 6-31.

[44] LEE G, SHIN G, HANEY M H, et al. The impact of formal control and guanxi on task conflict in outsourcing relationships in China [J]. Industrial marketing management, 2017 (62): 128-136.

[45] LEE K H, KIM J W. Integrating suppliers into green product innovation development: an empirical case study in the semiconductor industry [J]. Business strategy & the environment, 2011, 20 (8): 527-538.

[46] LI D, ZHENG M, CAO C, et al. The impact of legitimacy pressure and corporate profitability on green innovation: evidence from China top 100 [J]. Journal of cleaner production, 2017 (141): 41-49.

[47] LUO Y. The changing Chinese culture and business behavior: the perspective of intertwinement between guanxi and corruption [J]. International business review, 2008, 17 (2): 188-193.

[48] PADILLA-LOZANO C P, COLLAZZOP. Corporate social responsibility, green innovation and competitiveness—causality in manufacturing [J]. Competitiveness review: an international business journal, 2022, 32 (7): 21-39.

[49] PORTER M E, VAN DER LINDE C. Green and competitive: ending the stalemate [J]. Harvard business review, 1995, 73 (5): 120-134.

[50] QI G Y, SHEN L Y, ZENG S X, et al. The drivers for contractors' green innovation: an industry perspective [J]. Journal of cleaner production, 2010, 18 (14): 1358-1365.

[51] RAMANATHAN R, HE Q, BLACK A, et al. Environmental regulations, innovation and firm performance: a revisit of the Porter hypothesis [J]. Journal of cleaner production, 2017 (155): 79-92.

[52] ROPER S, TAPINOS E. Taking risks in the face of uncertainty: an exploratory analysis of green innovation [J]. Technological forecasting and social change, 2016 (112): 357-363.

[53] SARKIS J, ZHU Q, LAI K. An organizational theoretic review of green

supply chain management literature [J]. International journal of production economics, 2011, 130 (1): 1-15.

[54] SCHIEDERIG T, TIETZE F, HERSTATT C. Green innovation in technology and innovation management—an exploratory literature review [J]. R & D management, 2012, 42 (2): 180-192.

[55] TSENG M L, WANG R, CHIU A S F, et al. Improving performance of green innovation practices under uncertainty [J]. Journal of cleaner production, 2013 (40): 71-82.

[56] WANG C, NIE P, PENG D, et al. Green insurance subsidy for promoting clean production innovation [J]. Journal of cleaner production, 2017 (148): 111-117.

[57] WONG C Y, WONG C W Y, BOON-ITT S. Effects of green supply chain integration and green innovation on environmental and cost performance [J]. International journal of production research, 2020, 58 (15): 4589-4609.

[58] ZAMEER H, WANG Y, YASMEEN H, et al. Green innovation as a mediator in the impact of business analytics and environmental orientation on green competitive advantage [J]. Management decision, 2022, 60 (2): 488-507.

[59] ZHANG Y, SUN J, YANG Z, et al. Critical success factors of green innovation: technology, organization and environment readiness [J]. Journal of cleaner production, 2020 (264): 121701.

[60] ZHAO X, SUN B. The influence of Chinese environmental regulation on corporation innovation and competitiveness [J]. Journal of cleaner production, 2016 (112): 1528-1536.

[61] ZHU Q, SARKIS J, GENG Y. Green supply chain management in China: pressures, practices and performance [J]. International journal of operations & production management, 2005, 25 (5): 449-468.

后　记

本书是在我博士学位论文的基础上修改、完善并最终成稿的，同时也加入了近几年本人主持的相关课题的研究成果。

本书的选题是在我的博士生导师赵先德教授的指导下确定的，赵老师认为"笃信笃行、学以致用"是博士研究生学习的目标，他本人的研究也一直与一线的企业实践和行业发展紧密契合。在跟随老师多次前往企业的调研中，我见到了走在创新和环保前列的企业是如何发展、壮大自身并走出国门，并在多变的世界贸易格局中占据一席之地的，也见到这些企业在带动整个供应链的发展、促进中国供应链自主可控能力提升上所付出的努力，这些企业都为中国制造业的发展进步做出了自己的贡献。这促使我选择了中国的制造企业作为本书的研究对象，思考处于供应链上的制造企业如何通过绿色创新在多变的市场环境中提升绩效、增强竞争力。

回首几年的读博时光和随后的科研历程，看着电脑中一个个的文件夹，版本 0 到版本 N 记录着我一路走来的艰辛与努力，也时刻提醒我不忘初心的同时，更要感谢所有帮助我的人，你们陪我一起度过了难熬却又充满记忆和快乐的时光。

首先应该感谢我的导师赵先德教授，赵教授是我心中最有师德的老师之一。赵老师在我还未成为他的学生之前就热心地给我帮助与指导，在我正式成为他的学生之后更是给予谆谆教诲。博士学习期间，赵老师聘请了多位国内外的专家学者给我们带来丰富的知识盛宴，提供参与多项导师主持的国家级科研项目的机会，老师也不厌其烦地带我们到多个企业进行参观与访谈，以帮助我们的研究更接地气。感谢老师在我有了小小进步时的鼓励，也感谢老师对我生活上的理解与帮助。同时，更要感谢导师的坦诚与严厉，让我在懵懂无知闯入师门后体会到了"用心做学术"，学会正视不足并努力成长。赵老师对学术的热情与严谨、对他人的友善与关爱让我敬佩。

我也要特别感谢简兆权教授对我的帮助与指导。通过完成简老师"量身定制"的任务，我阅读了多篇相关领域的经典文献，解决了科研"小白"无处入手的困境。简老师引导我参与多个国内国际高端学术会议，学习他人先进的方法和思想。在撰写本书期间，简老师在框架和方法上给我提供悉心的指导和建议，耐心细致地为我解答本书写作中遇到的各种问题。经常参与简老师团队的科研例会，让我汲取了更加丰富的知识。感谢简老师如兄长般的关心，简老师为人师表、循循善诱、躬行实践的精神都值得我学习。同时也感谢王志强教授、叶飞教授、李怡娜教授、杨倩老师、殷瑛老师在我撰写本书过程中给予的帮助。感谢我的同门黄秋萍、叶赛、朱文文、张珊珊、刘晓彦、奥斯曼、秦睿等，感谢王华宾、唐研、蒋蝉米等博士。当写作遇到困难时，是你们的帮助让我继续向前。

还要感谢我所在单位广东机电职业技术学院的领导和同事们。书稿得以顺利出版，郭秀颖教授、陈广仁博士、殷华老师、周日升老师、张兰老师等多位老师都提供了很多帮助，书稿的完成离不开这些老师在写作方法上、工作上和生活上的指点和帮助。

感谢我的家人和朋友们，你们的爱与包容给予我前进的勇气和动力。感谢我的父母和我的婆婆，你们对家庭的奉献使我毫无后顾之忧，让我在繁忙的工作之余能全身心投入书稿的写作中。感谢我的爱人庞积典先生在我工作多年后仍支持我读博深造，不仅在生活上给予我关心和照顾，而且给我提供各种企业资讯，为本书的调查问卷付出很大努力和帮助。感谢我的儿子，你的自觉与自律让我能专心投入日常工作与科研中。感谢我的好友邓勤、胡霞娥、朱能武、罗志强、邱杨、罗品、吴良勇、张颖敏、朱亚杰等，感谢你们在生活上对我的各种照顾以及在本书实证调查问卷过程中的无私帮助。

本书得以顺利完成并出版得到了我的好友彭云飞教授、邓勤老师，以及湖南师范大学出版社编辑部主任李阳博士及众多领导和编辑的大力支持，你们为本书的出版付出了辛勤的劳动，你们的敬业和热情使我备受感动，在此一并表示真心的感谢！

  凡事欲其成功，必要付出奋斗。从选题到一字一句码出整本书籍，我付出了，也收获了。希望本书的出版，能为中国实体制造企业以及政府决策者提供一定的理论依据和实践参考。鉴于水平有限，本书还存在诸多纰漏和不尽完善之处，敬请广大读者朋友提出宝贵意见，以便进一步修订完善。

李　敏

2023 年 8 月于广州